Neeraj Kumar Rathore
Pramod Kumar Singh

Um Algoritmo Eficiente de Balanceamento de Carga em Redes Distribuídas

Neeraj Kumar Rathore
Pramod Kumar Singh

Um Algoritmo Eficiente de Balanceamento de Carga em Redes Distribuídas

ScienciaScripts

Imprint

Cover image: www.ingimage.com

This book is a translation from the original published under ISBN 978-3-659-78892-5.

Publisher:
Sciencia Scripts
is a trademark of
Dodo Books Indian Ocean Ltd. and OmniScriptum S.R.L publishing group

120 High Road, East Finchley, London, N2 9ED, United Kingdom
Str. Armeneasca 28/1, office 1, Chisinau MD-2012, Republic of Moldova, Europe
Printed at: see last page
ISBN: 978-620-8-25206-9

RESUMO EXECUTIVO

Um sistema distribuído é um sistema de comunicação intensiva, em que cada sistema envia e recebe algumas mensagens para se manter atualizado com o estado atual do sistema. A comunicação efectuada para atualizar o estado do sistema constitui uma sobrecarga que pode degradar o desempenho do sistema. Reduzir a sobrecarga de comunicação nos algoritmos de equilíbrio de carga para equilibrar um sistema distribuído é uma tarefa difícil. Num sistema distribuído, os nós podem ter diferentes capacidades de computação. Atribuir a carga de trabalho aos nós de computação de acordo com a sua capacidade de computação aumentará o desempenho do sistema. Para atribuir a carga de trabalho de acordo com a capacidade de computação, é necessário elaborar uma lista de prioridades dos nós de computação. O desempenho de um sistema distribuído depende em grande medida do algoritmo de equilíbrio da carga que lhe é aplicado. É vantajoso estabelecer prioridades para os processadores com base na sua capacidade de computação e transferir a carga de trabalho de um sistema muito carregado para um sistema pouco carregado. Esta estratégia permite reduzir o tempo de resposta e permite uma melhor utilização dos recursos.

ÍNDICE DE CONTEÚDOS:

CAPÍTULO 1

INTRODUÇÃO

Este capítulo começa com a introdução ao Balanceamento de Carga no sistema distribuído, arquitetura do sistema distribuído. Discute a motivação e os desafios do balanceamento de carga em sistemas distribuídos e resume a contribuição do projeto.

1.1 Balanceamento de carga em sistemas distribuídos

Os algoritmos de balanceamento de carga distribuem a tarefa de forma homogénea entre os anfitriões do sistema distribuído. Geralmente, os algoritmos de balanceamento de carga são aplicados às redes paralelas e distribuídas para obter um elevado rendimento e uma elevada utilização do sistema. Algoritmo de balanceamento de carga com ms tenta obter a utilização óptima do sistema distribuindo uniformemente a carga de trabalho entre os nós e fazendo com que os nós estejam ocupados a maior parte do tempo. O algoritmo de balanceamento de carga funciona como um decisor que conduz o sistema à sua utilização óptima.

1.2 Sistema distribuído

Um sistema distribuído é um conjunto de dispositivos informáticos individuais que podem comunicar entre si.

O sistema distribuído é constituído por computadores que não só estão ligados, como também se coordenam entre si para formar um sistema único. Cada processador num sistema distribuído tem a sua própria agenda semi-independente, mas por várias razões, incluindo a partilha de recursos, a disponibilidade e a tolerância a falhas, os processadores têm de coordenar as suas acções.

Um sistema distribuído parece ser um sistema único para o seu utilizador. Um sistema distribuído pode ser homogéneo ou heterogéneo.

Um sistema distribuído heterogéneo é constituído por nós de computação de arquitetura diferente e um sistema distribuído homogéneo é constituído por nós de computação de arquitetura semelhante.

O sistema distribuído é um sistema de comunicação intensiva, em que cada sistema envia e recebe algumas mensagens para se manter atualizado com o estado atual do sistema.

A Figura 1.1 mostra uma rede distribuída ponto a ponto em que cada computador partilha recursos sem a intervenção de qualquer nó central.

Os sistemas distribuídos são flexíveis para distribuir a carga de trabalho pelos elementos de processamento fisicamente separados.

No caso de um sistema distribuído, um utilizador pode não utilizar a máquina durante todo o tempo, no entanto, em determinado momento, esta pode necessitar de mais do que aquilo que pode fornecer em funcionamento ativo. Os processadores nos sistemas distribuídos têm inicialmente algumas cargas, que representam uma quantidade de trabalho a realizar, e cada um pode ter uma capacidade de processamento diferente.

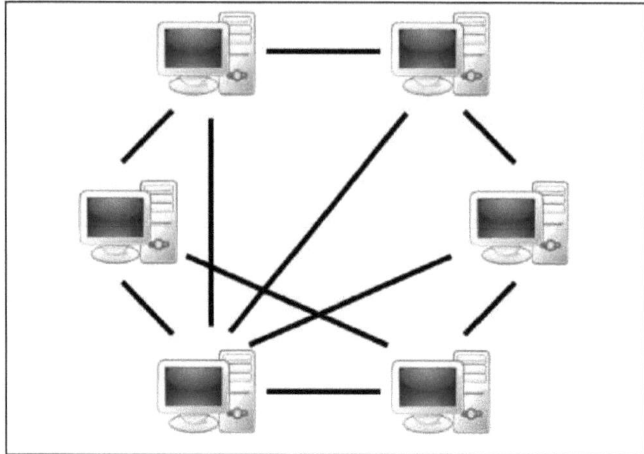

Figura 1.1: Rede distribuída ponto a ponto

1.3 Descrição do problema

Neste ambiente de alta computação, os avanços na tecnologia do hardware e do software resultaram numa utilização muito intensa de sistemas distribuídos. Um sistema de computação distribuída inclui recursos de software e de dados distribuídos por elementos de processamento independentes ligados através de uma rede de comunicações. Os sistemas distribuídos são flexíveis para repartir a carga de trabalho pelos elementos de processamento fisicamente separados. No caso de um sistema distribuído, um utilizador pode não utilizar a máquina durante todo o tempo, mas pode necessitar de mais do que aquilo que pode fornecer para trabalhar ativamente. Geralmente, numa rede distribuída, alguns anfitriões podem estar intensamente sobrecarregados e outros permanecem inactivos ou subcarregados, uma vez que não existe um mecanismo para lidar com este estado indesejado. A melhoria do desempenho é uma das questões mais importantes nos sistemas distribuídos. Uma vez que estes sistemas estão fisicamente separados, a gestão dos recursos é uma das áreas mais difíceis. Para explorar o sistema distribuído, é necessário um algoritmo que possa resolver os diferentes problemas do sistema.

O balanceamento de carga é um processo de atribuição uniforme da carga de trabalho aos recursos informáticos em rede. Quando um recurso informático fica sobrecarregado, a carga de trabalho em excesso é migrada para outro recurso informático que não tenha carga de trabalho em excesso nesse momento. Sempre que um recurso informático tem uma carga de trabalho superior a um valor-limite predefinido, o recurso é considerado sobrecarregado e quando um recurso informático tem uma carga de trabalho inferior a um valor-limite predefinido, o recurso informático é considerado subcarregado. Numa rede distribuída, existe uma grande probabilidade de alguns recursos informáticos ficarem inactivos ou subcarregados enquanto outros recursos informáticos estão sobrecarregados. Com a ajuda do algoritmo de balanceamento de carga, é possível tornar os recursos informáticos igualmente carregados e explorar a utilização óptima dos recursos informáticos numa rede distribuída. As questões que devem ser consideradas para uma utilização óptima dos sistemas distribuídos são a política de migração de tarefas, a recolha de informações, a política de negociação e o acionamento do algoritmo de equilíbrio da carga. A eficácia de um algoritmo de balanceamento de carga depende do conhecimento efetivo do estado de cada nó de computação. Este conhecimento efetivo é utilizado para tomar a decisão de atribuir a tarefa de entrada a um nó de computação adequado de acordo com o algoritmo de equilíbrio da carga.

1.4 Motivação

O balanceamento de carga é a atribuição de tarefas a elementos de processamento para aumentar o rendimento e a utilização global do processador. O balanceamento de carga e as migrações de processos são utilizados para partilhar a carga de um processador muito carregado com outros processadores menos carregados. Uma razão geral para desenvolver um algoritmo de balanceamento de carga eficiente é utilizar o poder de processamento do sistema distribuído que não é utilizado. Em vez de atribuir todas as tarefas a apenas alguns elementos de processamento, é preferível distribuir igualmente as tarefas por todos os elementos de processamento, o que aumentará o desempenho do sistema global. Isto permite que as tarefas sejam concluídas rapidamente. As questões que se colocam num ambiente de computação distribuída de grande dimensão são o desenvolvimento de técnicas ou algoritmos eficazes para uma distribuição adequada das tarefas entre os vários elementos de processamento, de modo a obter um elevado desempenho, como a minimização do tempo de execução, a estabilidade do sistema, a minimização das despesas de comunicação e a maximização da utilização dos recursos. A conceção de um algoritmo eficiente para melhor utilizar e aumentar o desempenho dos sistemas distribuídos é uma das áreas mais difíceis. Com a ajuda do algoritmo de equilíbrio de carga, é possível carregar os recursos informáticos de forma igual e explorar a utilização óptima dos recursos informáticos numa rede distribuída.

1.5 Estrutura geral para balanceamento de carga

Um sistema distribuído é um conjunto de processadores independentes ligados através de um meio de comunicação. Os processadores nos sistemas distribuídos têm inicialmente algumas cargas, que representam uma quantidade de trabalho a ser realizado, e cada um pode ter uma capacidade de processamento diferente. Para minimizar o tempo necessário para realizar todas as tarefas, é necessário um balanceamento de carga eficiente que possa procurar um processador subutilizado para que um processador de baixa capacidade possa transferir parte da sua carga. Se o link de comunicação tiver largura de banda infinita, o balanceamento de carga não sofrerá nenhum atraso. Mas este não é o caso em qualquer rede distribuída. O algoritmo de balanceamento de carga deve ser capaz de lidar com a tolerância a falhas e a recuperação de falhas.

1.6 Organização da tese

Esta tese está dividida em 7 capítulos. O Capítulo 1 apresenta o Balanceamento de Carga e a rede distribuída. O Capítulo 2 trata da pesquisa bibliográfica de vários tópicos relacionados com o Balanceamento de Carga em sistemas distribuídos e a classificação do Algoritmo de Balanceamento de Carga. O Capítulo 3 trata de diferentes técnicas de migração de processos em sistemas distribuídos, introduz a migração de processos heterogéneos e homogéneos. O capítulo 4 aborda o modelo do sistema e as plataformas utilizadas no algoritmo proposto e o capítulo 5 apresenta o algoritmo proposto. O capítulo 6 apresenta os resultados das experiências e o capítulo 7 apresenta as conclusões e o trabalho futuro.

1.7 Conclusão

Este capítulo apresenta uma visão geral básica do balanceamento de carga e da rede distribuída. Os algoritmos de balanceamento de carga tentam obter uma utilização óptima do sistema, distribuindo uniformemente a carga de trabalho entre os nós e fazendo com que os nós estejam ocupados a maior parte do tempo. As questões que se colocam num ambiente de computação distribuída de grandes dimensões são o desenvolvimento de técnicas ou algoritmos eficazes para a distribuição adequada de tarefas entre vários elementos de processamento, de modo a obter um elevado desempenho, como a minimização do tempo de execução, a estabilidade do sistema, a minimização das despesas de comunicação e a maximização da utilização dos recursos.

CAPÍTULO 2

REVISÃO DA LITERATURA

Este capítulo descreve brevemente as diferentes estratégias de balanceamento de carga definidas para sistemas distribuídos. Também discute o trabalho anterior feito por muitos autores no campo do balanceamento de carga em sistemas distribuídos. E, por fim, é apresentado um resumo deste capítulo.

2.1 Breve descrição da estratégia de balanceamento de carga

Ultimamente, o avanço dos processadores pouco intensos tem-se expandido, pelo que a força de registo elevada tem sido apresentada (por exemplo, redes distribuídas, processamento em grelha e computação em nuvem) como uma resposta de computação produtiva para atingir um recurso de registo elevado utilizando os recursos actuais. A estrutura de processamento distribuído proporciona um ambiente superior que tem a capacidade de efetuar uma grande quantidade de processamento. A distribuição da carga de trabalho entre os componentes de manuseamento é uma variável vital que influencia a execução de nós de computação organizados [1].

Devido à modelação heterogénea da construção dos componentes de processamento e dos diferentes sistemas de correspondência, as cargas de trabalho dos diversos componentes de processamento podem mudar extraordinariamente. Uma vez que a forma de um sistema transportado é ter uma carga de trabalho variável nos processadores e não é estável durante um período de tempo prolongado. Por conseguinte, é necessário um algoritmo de equilíbrio de carga exato que possa adequar a carga de trabalho entre os processadores, a fim de tornar a estrutura de transporte estável durante um período de tempo prolongado. Os quadros disseminados são adaptáveis para distribuir a carga de trabalho pelos nós fisicamente divididos. Num sistema de processamento distribuído, alguns anfitriões podem ser intensamente empilhados, enquanto outros permanecem imóveis ou pouco empilhados. A atualização da execução é um destaque entre as questões mais imperativas em estruturas distribuídas [2].

Uma vez que estas estruturas são fisicamente diferenciadas, lidar com os recursos é uma das áreas excecionalmente difíceis.

A divisão eficaz da informação da aplicação e a deslocalização da carga de trabalho excessiva dos nós com excesso de carga para os nós com falta de carga durante a execução são métodos discriminatórios necessários para a utilização produtiva de situações de cálculo circuladas. Diferentes algoritmos de balanceamento de carga são negligenciados para gerir a conduta das estruturas desconcertantes, uma vez que existem numerosos componentes que afectam a execução do cálculo. Na estrutura circulada, dois ou mais nós estão associados através de um meio de correspondência. Para além de transmitirem informações e dispositivos de E/S, os nós da estrutura circulada transmitem a sua força computacional.

Numa estrutura transportada, haverá alguns centros de processamento rápido e nós de registo moderados. Na eventualidade de o ritmo de transformação não ser considerado para o Balanceamento de Carga, a execução geral da estrutura será limitada pelo hub mais lento da estrutura. Um objetivo definitivo de um Algoritmo de Balanceamento de Carga deve ser nomear a carga de trabalho para cada hub conforme indicado pelo seu limite de processamento.

2.2 Classificação das estratégias de balanceamento de carga

O balanceamento de carga é uma metodologia de relegar a carga de trabalho uniformemente para recursos de processamento organizados. No momento em que um recurso de figuração chega a ser sobrecarregado, a carga de trabalho de superabundância é realocada para os próximos recursos de registro que estão subcarregados ou não se movem em torno de então. Em um sistema apropriado, há uma grande oportunidade de se transformar em uma porcentagem dos recursos de figuração sem movimento ou empilhados enquanto outros estão sobrecarregados [5, 6, 7]. Com a ajuda do Algoritmo de Balanceamento de Carga é concebível fazer com que os recursos de registo sejam empilhados de forma semelhante e aventurar a utilização ideal dos recursos de cálculo num sistema apropriado. Tendo em conta a forma de disseminação da carga de trabalho, os algoritmos de balanceamento de carga são normalmente organizados em duas classificações: estática e elemento. A figura seguinte descreve a caraterização das metodologias de balanceamento de carga.

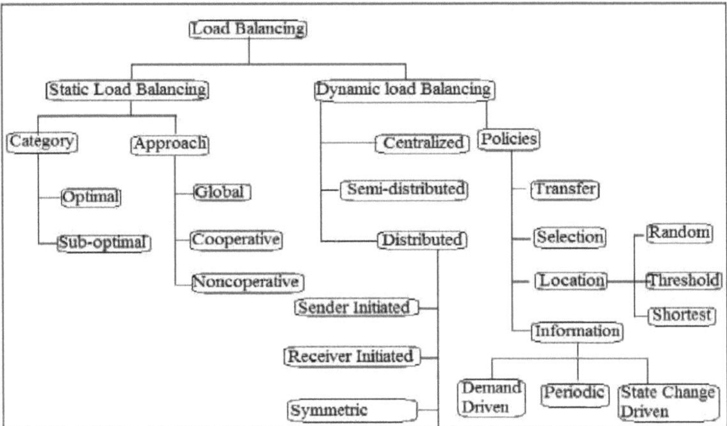

Figura 2.1: Classificação das estratégias de balanceamento de carga [25-41]

2.2.1 Balanceamento de carga estático e dinâmico

Nos algoritmos de balanceamento de carga estáticos, a escolha da atribuição das tarefas aos componentes de manuseamento é feita no momento da montagem, utilizando informações a priori sobre a maior parte dos destaques da tarefa. A técnica de balanceamento de carga estática mantém-se estável durante o tempo de execução. O líder decide sobre a escolha de forma determinística ou probabilística. Tendo em conta a simplicidade e o baixo nível de sobrecarga, esta metodologia é extremamente atractiva. No entanto, os dados (por exemplo, o tempo de entrada, o tempo de execução normal, a medida dos recursos) podem não ser conhecidos a priori e o cálculo decide a escolha com base em dados obsoletos, pelo que os algoritmos de balanceamento de carga estáticos não são bem sucedidos na utilização ideal dos recursos. O objetivo fundamental do algoritmo de balanceamento de carga estático é minimizar o tempo de execução e as despesas gerais de correspondência [8,13,14, 27-34].

Os algoritmos de balanceamento de carga estáticos são negligenciados para reagir a um ambiente de tempo de execução dinâmico e, consequentemente, podem aumentar fundamentalmente o tempo de reação do emprego. O problema com os algoritmos de balanceamento de carga estáticos é que eles obrigam a trabalhar dados a priori que não são acessíveis antecipadamente, uma medida considerável de cálculo é obrigada a adquirir o calendário ideal. Nos algoritmos de balanceamento de carga dinâmicos, a carga de trabalho não é distribuída estaticamente pelos componentes de registo. Os algoritmos de balanceamento de carga de elementos tentam utilizar os dados do estado atual para se decidirem sobre uma escolha mais precisa e educativa para distribuir a carga entre os hubs. Os Algoritmos de Balanceamento de Carga de Elementos melhoram a execução da estrutura nomeando a carga de trabalho rapidamente. Em comparação com os algoritmos de balanceamento de carga estáticos, os algoritmos de balanceamento de carga de elementos estão mais preparados para reagir à alteração do estado do quadro e para rejeitar os estados que resultam numa má execução do quadro. No entanto, os algoritmos de balanceamento de carga por elementos são mais imprevisíveis do que os seus parceiros estáticos. Devido à acumulação e apropriação contínuas de dados de carga, os algoritmos de balanceamento de carga de elementos causam uma elevada sobrecarga de correspondência. Um algoritmo de balanceamento de carga adequado tenta, de forma fiável, minimizar estas despesas gerais. A carga de trabalho é redistribuída em tempo de execução entre os componentes de computação à medida que os caracteres desiguais ocorrem em estruturas circuladas [7, 14, 36-39].

2.2.1.1Balanço de carga estático ótimo

No momento em que todos os dados em relação à condição da estrutura e, adicionalmente, as necessidades de recursos são conhecidos, uma tarefa ideal poderia ser possível utilizando algumas estratégias de avanço. Algumas medidas de melhoria estão minimizando o tempo de acabamento do procedimento agregado, aumentando o uso de recursos na estrutura, amplificando o rendimento. O reforço reproduzido e os cálculos hereditários são sistemas de melhoramento [9, 10].

2.2.1.2Balanço de carga estático sub-ótimo

Os métodos sub-óptimos podem ser ligados quando não existe uma disposição ideal. Estas técnicas dependem de algumas diretrizes e heurísticas fiáveis para orientar os procedimentos de planeamento. Cálculos não-exactos como a identificação e investigação do espaço de solução, a metodologia da teoria dos grafos, a programação matemática e a teoria do revestimento são cálculos problemáticos [9, 10].

2.2.1.3 Local e global

O balanceamento de carga local e global enquadra-se no plano disseminado, uma vez que um plano incorporado deve atuar de forma fiável e abrangente. Numa reserva de balanceamento de carga de vizinhança, cada processador pesquisa diferentes processadores na sua vizinhança e utiliza estes dados próximos para decidir sobre uma troca de heap. Esta vizinhança próxima é tipicamente significada como o espaço de deslocalização. O objetivo essencial é minimizar a correspondência remota e, além disso, ajustar proficientemente a pilha nos processadores. No entanto, num plano de balanceamento mundial, os dados mundiais de todos ou de uma parte da estrutura são utilizados para lançar o balanceamento de heap. Este plano obriga à transação de uma grande quantidade de dados na estrutura, o que pode influenciar a sua adaptabilidade [11].

2.2.1.4 Cooperativo e não cooperativo

No domínio do planeamento mundial de elementos apropriados, podem ser reconhecidos dois instrumentos, incluindo o nível de participação entre as diferentes partes da estrutura. No plano não útil ou autónomo, cada pólo tem autossuficiência sobre a sua própria reserva de recursos [11]. Ou seja, as escolhas são feitas de forma autónoma em relação ao que resta da estrutura e, desta forma, o hub pode deslocalizar ou atribuir empreendimentos tendo em vista a execução na vizinhança.

Por outro lado, na reserva útil, as técnicas cooperam no sentido de uma paridade mundial típica do quadro. As escolhas de planeamento são feitas tendo em conta as suas consequências para algumas medidas poderosas a nível mundial (por exemplo, o tempo de fruição mundial) [12]. Uma tarefa é constantemente executada no processador ao qual foi atribuída, ou seja, as técnicas de balanceamento de carga estáticas não são preemptivas. Um algoritmo de balanceamento de carga estático pode ser classificado como: cálculo round robin, cálculo aleatório, cálculo de supervisor focal e cálculo de borda.

2.2.2 Distribuído e centralizado

Na abordagem distribuída, cada processador executa o mesmo algoritmo e oferece os dados do estado do quadro a diferentes processadores. Na maior parte dos casos, um hub reconhece as entradas de emprego próximas e decide se as envia para hubs diferentes, tendo em conta os dados do estado da estrutura relativos à vizinhança e ao mundo inteiro.

As vantagens deste procedimento são superiores, a acessibilidade dos dados de estado da estrutura, a adaptação a falhas não críticas, a menor necessidade de armazenamento e a adaptação à adaptabilidade da estrutura disseminada [14, 18].

Um cálculo semi-disseminado faz arranjos de tamanho equivalente dos processadores e cada conjunto tem uma abordagem incorporada onde um processador focal assume a responsabilidade do balanceamento de carga no conjunto [15, 16]. O processador focal de um conjunto troca dados com o processador focal de outro conjunto para que a estrutura seja ajustada em toda a volta. Foi demonstrado em [17] que um balanceamento de carga dinâmico semi-circulado tem um desempenho melhor do que o balanceamento de carga centralizado e distribuído. Este método não tem uma sobrecarga de correspondência elevada ao reunir os dados de estado da estrutura como nos procedimentos apropriados.

Neste processo, há um processador especializado que decide a escolha e lança a metodologia de equilíbrio da pilha. O processador especialista acumula os dados do estado mundial de toda a estrutura apropriada e distribui as tarefas aos processadores [15]. O cálculo incorporado é executado como modelo de servidor do cliente e, subsequentemente, tem a vantagem de uma simples recolha de dados sobre a entrada e a saída de trabalho. Estes cálculos tornam-se superiores, mas são profundamente impotentes face ao desapontamento e requerem mais capacidade para manter os dados de estado. Este cálculo está idealmente equipado para estruturas de pequena escala.

2.2.2.1 Algoritmo Round Robin

No round robin, os trabalhos são distribuídos uniformemente por todos os processadores. No caso de uma outra metodologia tocar na base da estrutura, ela é atribuída a um outro processador em pedido round robin. O pedido de designação de procedimento é mantido em cada processador geralmente livre de designações de processadores remotos [13]. O cálculo round robin não obriga a correspondência inter-processos, pelo que não tem qualquer sobrecarga de correspondência. Este cálculo perdura quando as ocupações são desiguais preparando o tempo à luz do fato de que alguns processadores podem ter procedimentos de curto tempo de transformação e alguns podem ter métodos de extenso tempo de manuseio.

2.2.2.2 Algoritmo aleatório

Estes algoritmos utilizam um número irregular para selecionar os processadores escravos. O cálculo aleatório pode adquirir elite para aplicações específicas de razão única. No caso de o tempo de processamento das tarefas ser equivalente, o cálculo aleatório e o cálculo round robin podem atingir a melhor execução. No entanto, se as ocupações não forem de tempo de manuseamento equivalente, ambos os cálculos sofrem os efeitos negativos de um processador ficar vigorosamente empilhado e a execução será prejudicada [13,16].

2.2.2.3 Algoritmo do gestor central

Neste algoritmo, todos os processadores escravos enviam o seu estado de pilha para o processador focal de forma intermitente ou quando o estado da pilha se altera. Conforme indicado pelos dados acessíveis, o processador focal escolhe um processador escravo com uma pilha insignificante para efetuar outra ocupação. Este cálculo tem elevados custos de correspondência, uma vez que um processador escravo causa uma impressão no processador focal em qualquer ponto em que o seu estado de pilha muda [17]. O cálculo tem melhor desempenho quando os exercícios dinâmicos são feitos por hosts distintos.

2.2.2.4 Algoritmo de limiar

Neste algoritmo, os procedimentos são atribuídos instantaneamente aos anfitriões após a sua criação. Os has para novos cursos de ação são escolhidos geralmente sem enviar mensagens remotas. Cada processador mantém um duplicado privado da carga da estrutura. A pilha de um processador pode ser descrita por um dos três níveis: suavemente empilhada, média e sobrecarregada. Em primeiro lugar, todos os processadores são considerados como delicadamente empilhados. No momento em que o heap do processador ultrapassa a estimativa do limite de sobrecarga, ele comunica algo específico em relação ao novo status de carga. No caso de o estado da vizinhança estar abaixo do limite de sobrecarga, o procedimento é atribuído provincialmente [18].

2.2.2.5 Algoritmo de fila local

O algoritmo de fila de vizinhança reforça o movimento do processo do elemento. O pensamento essencial do cálculo da fila de vizinhança é a porção estática de cada novo processo com movimento de metodologia lançado por um processador hospedeiro quando sua carga cai abaixo do limite de corte, é um parâmetro caracterizado pelo cliente do cálculo. No início, novas metodologias feitas no princípio têm e repartidas em todos os hosts empilhados. Ele envia aleatoriamente demandas com a quantidade de metodologias preparadas próximas para supervisores de carga remotos. No momento em que um administrador de heap recebe tal apelo, ele analisa o número de métodos preparados na vizinhança com o número obtido. No caso em que o anterior é mais notável do que o recente, então uma parte dos procedimentos em execução são trocados para o solicitante e uma afirmação certificável com a quantidade de metodologias trocadas é retornada [11, 13, 22].

2.2.2.6 Algoritmo de fila central

Este cálculo tenta resolver a regra de disseminação de elementos da carga de trabalho. Coloca novos pedidos de movimento como uma linha cíclica de ordenação FIFO no anfitrião principal focal. Em qualquer momento que outra ação chegue ao diretor da linha, é integrada na linha. Nesse momento, sempre que o diretor da linha recebe um pedido de ação, expulsa o primeiro movimento da linha e envia-o ao requerente. Na eventualidade de não existirem exercícios preparados na linha, o recurso é suportado, até que outro movimento esteja acessível [11, 12, 13].

2.2.2.75 iniciada pelo destinatário e iniciada pelo destinatário

Trata-se de uma metodologia distribuída e a dispersão da pilha é lançada pelo processador de sobrecarga (remetente). Neste caso, o remetente envia um apelo para localizar um cúmplice adequado para trocar parte da sua pilha [7]. O cálculo iniciado pelo remetente tem melhor desempenho do que o cálculo lançado pelo beneficiário quando a estrutura tem carga baixa e moderada. É com o fundamento de que a probabilidade de descobrir um hub delicadamente empilhado é maior do que a de um nó intensamente carregado.

No sistema iniciado pelo recetor, um processador subcarregado (recetor) inicia o balanceamento da pilha. O processador subcarregado pede a um processador que está sobrecarregado que lhe retire algum do seu heap. Este cálculo tem melhor desempenho quando a estrutura tem cargas elevadas. Quando a carga da estrutura é elevada, é simples descobrir um hub intensamente empilhado.

2.2.2.8 Iniciado simetricamente

É uma mistura do algoritmo de balanceamento de carga iniciado pelo remetente e lançado pelo coletor; neste caso, tanto o remetente como o destinatário podem iniciar o processo de dispersão da pilha [20]. Em pilhas de estrutura baixas, o procedimento lançado pelo remetente é mais eficaz para descobrir processadores subcarregados. Em pilhas de estrutura elevadas, o procedimento lançado pelo beneficiário é mais eficaz para descobrir processadores sobrecarregados.

2.2.3 Políticas do algoritmo de balanceamento de carga

Foram examinadas várias questões relacionadas com os algoritmos de balanceamento de carga de elementos, por exemplo, o processo de estimativa da pilha de um componente transformador, a medida da carga que deve ser transferida para o centro remoto.

Um algoritmo de balanceamento de carga dinâmico contém quatro secções: uma regra de estimativa de heap, uma diretriz de troca de dados, o princípio de lançamento e uma operação de balanceamento de heap. Os mais de três sistemas apropriados especificados (iniciado pelo remetente, lançado pelo destinatário e lançado simetricamente) incluem as quatro estratégias de escolha que acompanham a redistribuição da carga de trabalho entre os processadores.

2.2.3.1 Política de transferências

A política de transferência toma decisões sobre as condições em que a carga de trabalho deve ser transferida [14]. A política de transferência decide se um nó é adequado para participar na transferência de carga, quer como destinatário quer como remetente. Foram propostos diferentes tipos de políticas de transferência, que podem basear-se num limiar adaptativo ou num limiar fixo predefinido. Se a carga atual calculada tiver um valor superior ao limiar predefinido, a transferência é iniciada. Um método proporcional para definir dois valores-limite, Th e Tl, através dos quais os nós são categorizados em três formas: sobrecarregados (se a carga for superior a Th), subcarregados (se a carga for inferior a Tl) e moderadamente carregados nos restantes casos [14]. Os factores que dependem dos algoritmos, Th e Tl, podem ou não ser iguais. A decisão sobre estes limiares é a principal componente do desempenho do algoritmo. Explicitamente, os melhores valores de limiar dependem da carga do sistema e do custo de transferência de tarefas. Em cargas baixas e/ou custos de transferência baixos, os limiares devem favorecer as transferências de tarefas, e quando a carga é alta, os custos de transferência para execução remota devem ser evitados. Apesar do facto de o limiar ótimo ser muito sensível à carga do sistema, existem técnicas que adaptam eficazmente o limiar à carga do sistema em tempo de execução. Por vezes, pode acontecer que a carga atual da CPU seja ligeiramente inferior ou superior ao valor do limiar e o processador seja identificado como subcarregado ou sobrecarregado, respetivamente. As políticas de valores-limite predefinidos significam que os valores-limite não são alterados de acordo com a alteração da carga do sistema. A política de limiar fixo tem algumas desvantagens. Se o valor de limiar fixo for muito pequeno, então causará transferências de carga "inúteis". Se o valor do limiar fixo for muito alto, o desempenho do mecanismo de balanceamento de carga pode ser reduzido. Por outro lado, em vez de utilizar valores de limiar fixos, os limiares podem ser definidos de forma adaptativa (relativa), equilibrando-os quando a carga global muda. Em [14], se a carga de um nó individual for superior ou inferior à carga média num determinado domínio (global ou local) numa percentagem predefinida, são iniciadas acções de balanceamento de carga e a carga é equilibrada local ou globalmente. Noutra abordagem adaptativa para determinar os limiares adequados, a carga média Lavg é determinada em primeiro lugar. Dois multiplicadores constantes, H e L, são usados para calcular o limite pesado, Th, e o limite leve, Tl. H é maior do que um e L é menor do que um. Estes dois valores determinam a eficácia e a flexibilidade das estratégias de balanceamento de carga. O limiar superior, Th, é calculado como o produto de H e Lavg. Do mesmo modo, o limiar inferior, Tlis, é calculado como o produto de L e Lavg.

A política de transferência pode ser aplicada de duas formas: periodicamente ou com base num evento. O algoritmo pode verificar, após um período de tempo fixo, se o estado do nó é adequado para uma transferência de tarefa. No entanto, a grande maioria das estratégias propostas na literatura são baseadas em eventos. Se o estado de um nó mudar, pode ser iniciada uma transferência de tarefa. O estado do nó muda porque uma tarefa terminou a sua execução ou porque uma nova tarefa chegou ao sistema. Outra situação em que a política de transferência pode ser desencadeada é quando um nó está a sondar outro nó, seja para receber ou para enviar alguma carga [41-42].

Para uma dada política, uma política de equilíbrio de carga pode ser iniciada pelo emissor-recetor ou simetricamente. Os algoritmos iniciados pelo remetente podem não ter um efeito significativo num sistema com cargas muito elevadas. Neste caso, a maior parte dos nós são remetentes e, por conseguinte, é de esperar que a maioria dos processadores encontre um recetor adequado. Na pior das hipóteses, podem sobrecarregar alguns dos receptores prováveis com um maior número de tarefas. Mesmo que os receptores prováveis não possam aceitar o trabalho adicional que lhes é transferido, serão enviadas e recebidas várias mensagens de controlo e a sobrecarga aumenta num sistema que já está muito carregado. No caso da política iniciada pelo remetente, a tarefa de iniciar a atividade de transferência é assumida por um nó já sobrecarregado.

No caso da política iniciada pelo recetor, esta sobrecarga é colocada nos nós subcarregados, o que pode ser suficiente. No entanto, quando o sistema está pouco carregado, todas essas políticas não conseguirão obter um nó adequado como remetente. Quantas vezes, ou durante quanto tempo, deve um recetor tentar encontrar esse remetente? Pode suspender a sua atividade após um limiar (ou tempo limite), mas depois não detectará futuros nós sobrecarregados, a menos que a sua atividade seja periodicamente reiniciada: uma desvantagem dos algoritmos iniciados pelo recetor é que este não sabe que os outros nós se tornaram potenciais emissores, porque nem estes emissores o notificaram.

As políticas de transferência iniciadas simetricamente suportam transferências de carga iniciadas tanto por nós ocupados como por nós com pouca carga [14]. Os algoritmos iniciados simetricamente são mais complexos, mas permitem explorar as vantagens dos algoritmos iniciados pelo emissor e iniciados pelo recetor. Os esquemas iniciados simetricamente são potencialmente instáveis: deve haver uma zona entre os limiares de ativação para as partes emissora e recetora do algoritmo, de modo a que um nó não possa passar rapidamente entre os estados emissor e recetor.

Verificou-se que as políticas iniciadas simetricamente têm um desempenho superior às políticas iniciadas pelo remetente e pelo destinatário na presença de pequenos atrasos na transferência de tarefas. No entanto, quando os atrasos na transferência de tarefas foram aumentados, verificou-se que as políticas tinham um desempenho quase idêntico.

2.2.3.2 Política de seleção

Quando a estratégia de transferência escolhe um processador como remetente ou coletor, a disposição de determinação escolhe um trabalho adequado para ser trocado para um beneficiário a partir de um remetente. A parte da abordagem de escolha consiste em selecionar a carga de trabalho para transferência. Nos planos iniciados pelo remetente, os nós ocupados escolhem as tarefas a trocar com outros elementos de computação, enquanto nos planos iniciados pelo recetor, os elementos de computação suavemente empilhados informam os potenciais remetentes dos tipos de tarefas que estão dispostos a reconhecer. A abordagem decide a quantidade de carga, ou o número de carga de trabalho, a trocar.

A forma de transferir um trabalho pode ser preemptiva ou não preemptiva. As transferências preemptivas envolvem a transferência de uma tarefa parcialmente executada. Isso geralmente é caro, pois envolve a coleta de todo o estado da tarefa. As transferências de tarefas não preemptivas envolvem apenas tarefas que não começaram a ser executadas e, portanto, não requerem uma transferência do estado da tarefa. Um nó pode estar sobrecarregado e não ter tarefas disponíveis para transferência não-preemptiva se for sondado por um recetor. Uma política de seleção deve considerar pelo menos três factores.

- A sobrecarga incorrida na transferência da tarefa deve ser minimizada. As transferências não preemptivas e as tarefas de pequena dimensão (pequenas quantidades de informação) implicam menos despesas gerais.
- O tempo de execução da tarefa transferida deve ser suficiente para justificar o custo da transferência. Mesmo que a execução das tarefas seja desconhecida, deve ser possível classificá-las como tarefas curtas ou longas e considerar apenas as tarefas longas para migração. Podem ser tolerados alguns erros de classificação, uma vez que os algoritmos de balanceamento de carga são bastante robustos no que respeita a este parâmetro.
- O número de recursos dependentes da localização necessários para a tarefa selecionada deve ser mínimo.
- É preferível escolher um posto de trabalho recém-chegado para ser transferido porque a transferência desse posto de trabalho torna-se efetivamente não preemptiva.
- O trabalho selecionado deve ser de longa duração, para que o sistema se mantenha estável durante muito tempo.
- O trabalho selecionado deve ter um número mínimo de chamadas de sistema dependentes da localização.

2.2.3.3 Política de localização

A responsabilidade da política de localização é encontrar um parceiro de transferência adequado. O processo de procura de um nó adequado pode ser distribuído, de modo a que cada nó selecione um parceiro de transferência com base nas informações detidas localmente. A política de localização, correspondente à política de informação, especifica o domínio de equilíbrio para as acções de equilíbrio de carga; este pode ser global, os vizinhos mais próximos, um conjunto de nós sondados aleatoriamente ou um conjunto ou conjunto de nós com base em critérios especificados. Em alternativa, as políticas podem ser concebidas utilizando uma fonte de informação central. Os nós ocupados tentam localizar parceiros de transferência com baixos níveis de carga quando o sistema está muito carregado. Nos esquemas iniciados pelo recetor, os nós pouco carregados tentam localizar um nó ocupado a partir do qual possam transferir trabalho. A política de localização pode ser categorizada da seguinte forma:

A. Aleatório

Um parceiro de transferência é selecionado aleatoriamente e o seu estado de carga é ignorado. Isto pode resultar em transferências de tarefas inúteis quando um nó de computação já sobrecarregado recebe uma carga de trabalho adicional de um nó de computação pouco carregado, mas demonstrou proporcionar melhorias de desempenho em relação à distribuição sem carga [15]. As melhorias de desempenho resultam do facto de apenas os nós ocupados partilharem a carga, quando todos os nós actuam provavelmente como receptores. Há casos em que as políticas de localização aleatória têm melhores resultados quando o número de nós muito carregados é menor e há muitos nós relativamente inactivos. Um problema de colocação de "n bolas e n compartimentos", em que n bolas são colocadas aleatória e sequencialmente em n compartimentos. Foi provado que, no sentido de uma colocação equilibrada, escolher d 22 caixas de forma independente e uniforme ao acaso e depois colocar a bola i^{th} na menos carregada das d caixas melhoraria o resultado exponencialmente em comparação com a escolha aleatória de uma caixa de cada vez. O trabalho generalizou a descoberta e forneceu um modelo analítico para os esquemas aleatórios utilizados. Foi proposto um algoritmo melhorado, acrescentando uma técnica simples de janela deslizante e uma técnica simples de classificação difusa ao conceito original de equilíbrio de carga aleatório.

B. Limiar

O nó seleciona indiscriminadamente um possível nó de destino para o serviço e sonda-o para ver o seu índice de carga. Se o índice de carga no destino projetado for inferior ou até um valor limite planeado, esse nó passa a ser o recetor. Caso contrário, outro nó é selecionado indiscriminadamente e sondado. A pesquisa continua até ser encontrado um recetor ou até a quantidade de nós sondados atingir um valor limite. As políticas de localização de limiares suportam os resultados da atividade de pesquisa; se for encontrado um recetor, a tarefa é aí distribuída; caso contrário, a tarefa é morta internamente.

C. Mais baixo

Tal como as políticas de limiar, as políticas mais baixas utilizam um limiar Lp. No entanto, as políticas mais baixas diferem das políticas de limiar no caso de sondar um cluster de nós até que um nó com um índice de carga zero seja encontrado, ou até que exatamente Lp nós tenham sido sondados. Esta política de localização seleciona o nó sondado com o índice de carga mais baixo como local de execução do trabalho recetor, desde que o índice de carga nesse nó seja inferior a um valor limite predefinido. As políticas mais baixas foram relacionadas com um algoritmo de balanceamento de carga. O seu desempenho não foi suficientemente melhor do que o das políticas de limiar para justificar o esforço adicional despendido na recolha de informações [17].

D. Menos

Para se diferenciar da política de localização mais baixa, esta é designada como classe de políticas de localização "mínima". As políticas "menos" diferem das políticas "mais baixas" pelo facto de não necessitarem de selecionar nós e, neste caso, não é utilizado qualquer limiar [17]. No entanto, a política de localização mínima consiste normalmente em selecionar o nó com o índice de carga mais baixo como nó recetor para o envio da carga de trabalho com base na informação sobre um domínio de equilíbrio especificado.

E. Comprimento mais curto da fila de espera

No caso desta estratégia, um número de processadores é sondado aleatoriamente e o processador com o menor comprimento de fila é tratado como o recetor para a transferência de trabalhos.

2.2.3.4 Política de informação

É responsável pela recolha de dados ou informações sobre a estimativa da carga e o estado da carga do sistema. Esta política decide quando obter as informações sobre o estado da carga do sistema. Existem três estratégias típicas para a política de informação [30-40]:

A. Orientado para a procura

Desta forma, cada nó recolhe informações quando é necessário tomar uma decisão de partilha de carga para partilhar a sua carga. É frequentemente utilizado um poll-limit; a principal vantagem deste modo é o facto de a informação sobre a carga ser trocada apenas quando é necessária. Na prática, apresenta algumas desvantagens [18]:

- A sondagem repetida exige muito tempo de processamento dos sítios de sondagem e dos sítios sondados. Este problema pode tornar-se significativo quando o estado geral de carga do sistema é apontado como pesado. Quando a maioria dos sítios do sistema já estão muito carregados, continuam a sondar-se mutuamente para obter o sítio esparso com carga ligeira. No pior dos casos, a sondagem pode causar instabilidade no sistema quando a maioria dos sítios está muito carregada.

- Uma vez que se trata de uma tarefa repetitiva, a sondagem repetida gera uma quantidade muito elevada de tráfego de rede. Este problema pode tornar-se mais significativo se a largura de banda da rede for limitada.
- Como o trabalho precisa de esperar pelo resultado da sondagem, aumentará o tempo de resposta dos trabalhos em espera. Isto é um problema se o atraso de comunicação for significativo na rede.
- É muito difícil obter um valor adequado para o limite da sonda. A probabilidade de uma sondagem bem sucedida depende normalmente do estado da carga no sistema de trabalho; o número predeterminado de sondagens não pode garantir o sucesso. Por conseguinte, o aumento do limite de sondagens para além de 3 ou 4 traz poucos ou nenhuns benefícios. Os limites de sondagem adequados, como 3, são apropriados, uma vez que proporcionam a maior parte dos benefícios de valores mais elevados, a um custo inferior. Num sistema com carga média a elevada, se o limite de sondagem for pequeno, os nós com carga ligeira podem não ser descobertos. Se o limite de sondagem for grande, então (i) mais de um nó muito carregado pode obter os mesmos nós pouco carregados e descarregar as suas cargas para eles; e (ii) os problemas criados por sondagens repetidas multiplicar-se-ão.

B. Periodicamente

As informações são divulgadas ou recolhidas a intervalos regulares. A sua aplicação é simples. No entanto, é importante determinar o período de disseminação mais adequado, uma vez que as despesas gerais devidas à comunicação periódica aumentam a carga do sistema e reduzem a escalabilidade. Neste caso, será induzida uma quantidade fixa de sobrecarga de recolha de estado no sistema, porque cada nó recolhe e mantém informações sobre o estado de outros nós, independentemente de essas informações serem ou não utilizadas. No entanto, neste caso, não há atrasos quando uma tarefa tem de ser transferida para o elemento de processamento com pouca carga. No modelo probabilístico simples, um subconjunto aleatório de hospedeiros envia informações sobre os seus recursos disponíveis a intervalos regulares e reduz a comunicação. A conceção alargou o período de sondagem, mas mantém todo o conjunto de anfitriões para obter informações. Para garantir que o estado da estrutura pode, em qualquer caso, ser sensivelmente exato quando há menos actualizações, foi utilizado um cálculo presciente à luz do modelo de separação presciente. A imagem que cada nó tem do estado do sistema (ou do domínio) pode não corresponder ao estado real do sistema, devido a atrasos na rede de comunicações e à natureza periódica da recolha de informações. Além disso, a imagem que um nó tem do estado pode ser diferente de nó para nó.

C. Orientada para a mudança de estado

Os nós só anunciam a informação sobre o seu estado de mudança de carga quando este se altera num determinado valor [16]. A determinação do valor-limite para a troca de carga é evasiva, uma vez que o acordo deve ser sensível a alterações significativas, mas não a pequenas flutuações. As políticas de mudança de estado têm geralmente taxas de comunicação mais baixas do que as políticas periódicas. No entanto, se o estado de um determinado nó não se alterar durante um longo período de tempo, a informação sobre esse nó tornar-se-á obsoleta. A informação envelhecida sobre o estado da carga não é fiável, uma vez que não há forma de saber se o nó sofreu um acidente ou se simplesmente não enviou uma mensagem devido a um estado estável. Um nó recém-ingressado não receberá informações sobre nós em estado estacionário, mesmo que esses nós sejam parceiros de transferência adequados. Uma forma de melhorar a política básica de mudança de estado é introduzir mensagens de disseminação adicionais, que são enviadas se o estado de carga não se alterar durante um longo período de tempo. Estas regras diferem das regras baseadas na procura na medida em que cada nó toma a iniciativa de divulgar o seu próprio estado em vez de recolher informações de outros nós.

2.3 Adaptativo e não adaptativo

Os esquemas adaptativos e não adaptativos são uma parte das disposições de ajustamento dinâmico da carga. Num plano versátil, as escolhas planeadas pensam seriamente na execução passada e atual do quadro e são influenciadas por escolhas passadas ou mudanças na natureza.

No caso de um (ou mais parâmetros) não corresponder à execução do projeto, a sua ponderação é menor na próxima vez.

No plano não versátil, os parâmetros utilizados como parte da reserva continuam como antes, prestando pouca atenção ao comportamento passado da estrutura. Uma ilustração seria uma disposição que mede de forma fiável os seus inputs da mesma forma, prestando pouca atenção ao contexto histórico da conduta da estrutura. Pode surgir uma desarticulação entre o reconhecimento da reserva de elementos e o planeamento versátil. Embora um arranjo dinâmico considere as entradas ecológicas ao decidir sobre a sua escolha, um arranjo versátil (que é adicionalmente dinâmico) considera os impulsos naturais para ajustar a própria abordagem de planeamento [12].

2.4 Atribuição única e reatribuição dinâmica

Nesta classificação, são consideradas as entidades a programar. A atribuição única de uma tarefa pode ser feita dinamicamente, mas uma vez agendada para um nó de computação, nunca pode ser reprogramada para outro elemento de computação no sistema distribuído [23]. Por outro lado, na metodologia de reatribuição dinâmica, as ocupações podem deslocar-se a partir de um elemento de processamento para o seguinte, mesmo depois de a disposição inicial ter sido efectuada. Um aspeto negativo deste plano é o facto de as tarefas poderem circular incessantemente pelo sistema sem progredirem muito.

2.5 Que quantidade de informação sobre a carga do sistema deve ser recolhida

Uma opção extrema consiste em recolher informações sobre a carga no âmbito global, ou seja, em todos os nós de processamento do sistema; outra opção extrema consiste em não utilizar qualquer informação sobre a carga dos elementos de processamento, para além do nó em referência. A decisão entre estes dois extremos utiliza informação de carga local recolhida num determinado domínio de nós de processamento em que o tamanho pode ser fixo ou variável.

O conhecimento global dos atributos do sistema (como a carga de trabalho total) é restritivo, devido à sobrecarga de correspondência criada. Isto é especialmente verdadeiro para grandes estruturas disseminadas. Desta forma, o método de solicitação de informações mundiais é rejeitado, e informações parciais são usadas em seu lugar, como informações da vizinhança de um nó.

2.6 Onde são actualizadas as informações sobre a carga

Um repositório central pode ser utilizado para recolher informações sobre o estado da carga. O estado da carga é recolhido de todos os nós de computação no sistema e disponibilizado quando é necessário tomar uma decisão de troca de carga. Existem algumas implementações centralizadas que são simplesmente responsáveis pela recolha e disseminação da informação, por outro lado, outros nós de computação actuam adicionalmente como intermediários entre os nós emissores e receptores. Os componentes centralizados funcionam bem quando o sistema é pequeno ou de dimensão moderada, mas podem tornar-se estrangulamentos de comunicação quando o sistema é grande. Quando são utilizados componentes centralizados em todo o sistema, este é vulnerável à falha de um único componente, mas é fornecida alguma forma de esquema de cópia de segurança ou de esquema de replicação, o que aumenta a complexidade.

As abordagens distribuídas são muito mais complicadas de construir do que as suas contrapartes centralizadas. A semântica envolvida é muito complexa nesta abordagem. Cada elemento de computação do sistema reúne dados relativos ao estado de carga de outro nó de computação no sistema distribuído. Os processadores tomam autonomamente decisões de partilha de carga com base nas informações que possuem. Uma vantagem muito popular do esquema distribuído é o facto de o sistema estar protegido contra a falha de um único nó.

Existem também alguns inconvenientes: não existe uma visão consistente do estado do sistema e, no sistema distribuído, cada nó contém informações diferentes, consoante os outros nós com que comunicou, a última vez que essa comunicação ocorreu e o atraso registado nessa comunicação. Este facto pode levar à instabilidade do sistema se existirem diferenças significativas entre os pontos de vista.

2.7 Algoritmos de balanceamento de carga existentes

As duas classes de algoritmos de balanceamento de carga dinâmicos e distribuídos seguramente compreendidos são apresentadas neste segmento. A atenção recai sobre os algoritmos de balanceamento de carga que utilizam dados fraccionados na decisão. Embora alguns cálculos sejam inicialmente apresentados para nós paralelos, eles são materiais numa estrutura de processamento circulado com muitas carências. Por conseguinte, estes são apresentados adicionalmente aqui.

A maior parte das abordagens de balanceamento de carga executam dois exercícios que obrigam a intercâmbios: transmitir a sua própria informação de carga particular e reunir dados de elementos de processamento diferentes e trocar cargas. No caso de cada nó ser obrigado a associar-se a diferentes nós, terá de utilizar sistemas, por exemplo, show, caso social mundial, correspondência de remoção prolongada que não são adaptáveis e fazem sobrecarga deplorável ou bloqueio em estruturas com um número extenso de nós.

Para diminuir as despesas gerais em numerosas estratégias, um nó limita-se a trocar os dados e as tarefas de troca com os seus vizinhos físicos e/ou inteligentes. Estes são normalmente designados por algoritmos de equilíbrio de carga "baseados nos vizinhos". O agrupamento é outro método para resolver o problema. Os nós podem ser divididos em grupos à luz do atraso de troca do sistema, em que o equilíbrio da carga funciona a dois níveis: intra-cluster e entre grupos através de administradores ou especialistas de grupos. Estes algoritmos são normalmente designados por algoritmos de equilibragem da carga "baseados em grupos".

2.7.1 Método de equilíbrio hierárquico

A técnica do Método de Equilíbrio Hierárquico (HBM) orquestra os nós numa cadeia de importância, criando subsequentemente áreas de equilíbrio em todos os níveis. Para uma associação de árvores emparelhadas, todos os nós são incorporados na folha (nível 0). Uma grande parte dos nós no nível 0 tornam-se sub-raízes da árvore no nível 1. Consequentemente, uma grande parte dos nós volta a ser sub-raiz no nível seguinte, até que um nó se torne a base de toda a árvore.

O equilíbrio global é conseguido através da elevação da árvore e do equilíbrio da carga entre as zonas vizinhas a todos os níveis do sistema progressivo. Na eventualidade de, a qualquer nível, o desnível entre as sub-árvores esquerda e direita ultrapassar um determinado limite, cada nó da sub-árvore sobrecarregada envia um pouco da sua carga para o nó correspondente da sub-árvore subcarregada.

A vantagem do plano HBM é que ele minimiza a sobrecarga de correspondência e, portanto, pode ser escalado para grandes estruturas. Além disso, a abordagem combina bem com topologias de hipercubo. Na verdade, a abordagem de troca dimensional destinada a estruturas de hipercubo é como o sistema HBM, pois continua com a premissa de balanceamento de carga em cada área. Aqui, cada espaço é caracterizado como uma medida no hipercubo.

Este plano não é, indiscutivelmente, adequado para estruturas com grandes atrasos do sistema pelas razões que o acompanham. Uma vez que o processo de equilíbrio continua para o nível seguinte da árvore, as alterações discriminatórias que ocorrem nos níveis inferiores podem não se propagar rapidamente devido a adiamentos. Subsequentemente, as rectificações podem não chegar a tempo às zonas mais elevadas e, consequentemente, provocar desníveis a nível mundial. Além disso, apesar do facto de o plano ser descentralizado, uma desilusão nos nós de raiz, particularmente em estados anormais da árvore, torna inatingível um estado de paridade a nível mundial. Subsequentemente, este plano não é adequado para estruturas disseminadas à escala da Internet, uma vez que os nós podem ficar inacessíveis sempre que, ao longo destas linhas, influenciarão a condição de paridade da estrutura se tais nós forem raízes para subespaços de árvores.

2.7.2 Algoritmos de balanceamento de carga baseados em vizinhos

A metodologia baseada na vizinhança é um procedimento dinâmico de equilíbrio de carga que permite aos nós falar e trocar recados apenas com os seus vizinhos. Cada nó ajusta a carga de trabalho com os seus vizinhos de modo a que toda a estrutura seja ajustada após várias ênfases. Uma vez que esta estratégia não obriga a um facilitador mundial, é carateristicamente de vizinhança, tolerante a deficiências e versátil. Assim, esta metodologia é uma decisão caraterística para o balanceamento de carga num ambiente profundamente dinâmico [16]. Entre os algoritmos baseados em vizinhança, estamos interessados em alguns delegados normais, retratados como "takes after".

2.7.3 Difusão iniciada pelo remetente

A metodologia Sender Initiated Diffusion (SID) [16] é uma abordagem de dispersão por vizinhança, o vizinho mais próximo, que utiliza áreas de balanceamento de cobertura para realizar o balanceamento mundial. O plano é absolutamente difundido e não é batido. Todos os nós se manifestam livremente, atribuindo carga abundante a vizinhos inadequados. O balanceamento é efectuado por cada nó sempre que recebe uma mensagem de atualização de carga de um vizinho, mostrando que a carga do vizinho é inferior a um limite pré-definido, L_{LOW}. Cada nó está limitado a carregar dados a partir da sua própria área, que inclui ele próprio e os seus vizinhos mais rápidos. Todos os nós informam os seus vizinhos mais próximos dos seus níveis de carga e revêem estes dados durante toda a execução do sistema. O benefício do balanceamento de carga é ditado pelo primeiro registo da carga normal no espaço. Em seguida, se a carga de um nó ultrapassar a carga normal numa soma pré-especificada,$L_{threshold}$, continua a executar o terceiro período do procedimento de Balanceamento de Carga. O movimento de atribuição é efectuado através da atribuição de carga abundante a vizinhos insuficientes. O balanceamento prossegue durante toda a execução do projeto, sempre que a carga de um nó ultrapasse a carga normal próxima em mais do que uma determinada soma .$L_{threshold}$

2.7.4 Difusão iniciada pelo recetor

O procedimento de difusão iniciada pelo recetor (RID) [16] pode ser considerado o oposto do método SID, na medida em que é uma abordagem iniciada pelo destinatário e não uma metodologia iniciada pelo remetente. No entanto, para além do facto de, no sistema RID, os nós com carga insuficiente recorrerem à carga dos vizinhos com carga excessiva, existem alguns contrastes despretensiosos entre os procedimentos. Para começar, a metodologia de equilíbrio é iniciada por qualquer nó cuja carga desça abaixo de um limite pré-especificado (L_{Low}). A partir de um pedido de carga, um nó satisfará o pedido apenas até um montante equivalente a uma grande parte da sua carga atual (o que diminui o impacto da maturação da informação em que se baseia o pedido). Por fim, na metodologia de lançamento do beneficiário, os nós subcarregados da estrutura assumem a maior parte da sobrecarga do balanceamento de carga, o que pode ser crítico quando a granularidade do pedido é fina. Tal como na técnica SID, cada nó está limitado a carregar dados a partir do seu próprio espaço, que inclui ele próprio e os seus vizinhos imediatos. Todos os nós informam os seus vizinhos mais próximos dos seus níveis de carga e redesenham esta informação durante toda a execução do projeto. No momento em que a carga de um nó desce abaixo do limite pré-especificadoL_{Low} , a produtividade do Balanceamento de Carga é controlada calculando primeiro a carga normal na área. Na chance de que a carga de um nó esteja abaixo da carga normal em mais do que uma soma pré-especificada,$L_{threshold}$, ele continua a atualizar o terceiro período da metodologia de balanceamento de carga. A deslocalização da empresa é efectuada pedindo medidas proporcionais de carga aos vizinhos com excesso de carga. Em qualquer fornecimento infinito de um pedido de carga, um nó satisfará o pedido apenas até um montante equivalente a uma grande parte da sua carga atual.

2.7.5 Algoritmo de programação de informação de carga estimada

Num algoritmo descentralizado de reserva de carga de elementos, o Algoritmo de Escalonamento de Informação de Carga Estimada (ELISA), o problema da troca sucessiva de dados é atenuado pela avaliação da carga, à luz dos dados de estado da estrutura obtidos em intervalos de tempo adequadamente extensos. O algoritmo foi concebido para reduzir os atrasos de correspondência, diminuindo a necessidade de troca de estado. A ideia essencial do ELISA é que, em intervalos de tempo intermitentes, os nós da estrutura trocam os seus dados de estado, que incluem o comprimento da linha no momento da troca de dados e uma avaliação da taxa de aterragem. O momento em que esta troca de dados ocorre é uma idade de troca de estado. Cada intervalo de troca de estado é ainda dividido em subintervalos equivalentes de intervalos de estimativa. Os objectivos da divisão são as idades de estimativa. Nas idades de estimativa, cada nó avalia a carga nos nós que se enquadram no seu conjunto de amigos, que inclui apenas os vizinhos rápidos (ou seja, os nós que estão a um salto de distância). As idades de troca de estado e as idades de estimativa constituem, em conjunto, o conjunto das idades de troca. Nas idades de troca, é feito o reescalonamento das ocupações. Por conseguinte, é tomada a decisão de trocar as profissões e a verdadeira troca de empregos é efectuada nas idades de troca. Ao tornar enorme o intervalo entre as idades de troca de estado e ao limitar a troca de dados ao conjunto de amigos, as despesas gerais de correspondência são mantidas a um nível baixo. Por fim, ao trocar os empregos apenas nas idades de troca, as despesas gerais do programador são igualmente mantidas a um nível baixo.

A escolha da reserva de carga é feita da seguinte forma: a partir dos comprimentos de linha avaliados dos nós no seu conjunto amigo e da aprendizagem exacta do seu próprio comprimento de linha, cada nó processa a carga normal sobre si próprio e sobre o seu conjunto companheiro. Os nós do conjunto amigo, cujo comprimento de linha avaliado não é exatamente o comprimento de linha normal avaliado por mais de uma aresta, enquadram o conjunto dinâmico. O nó em análise troca ocupações com os nós do conjunto dinâmico até que o seu comprimento de linha não seja mais proeminente do que o comprimento de linha normal avaliado. A estimativa do limite, que é alterada em relação à anterior, é importante para a execução do ELISA. Um algoritmo ELISA modificado é apresentado no documento. O algoritmo proposto tem em conta o custo de deslocalização do trabalho, que é essencialmente afetado pela velocidade de transferência acessível entre os nós emissor e beneficiário, quando se escolhe o balanceamento de carga. A ocupação será trocada apenas no caso de o seu tempo normal de conclusão no nó de destino não ser exatamente o tempo de conclusão esperado no nó de origem.

2.7.6 Algoritmos de balanceamento de carga baseados em clusters

Os algoritmos de balanceamento de carga baseados em clusters têm sido objeto de alguns estudos [22]. Os nós podem ser divididos em clusters com base no atraso de troca do sistema. Um nó é designado como administrador do agrupamento, que reúne os dados de carga para diferentes agrupamentos, decide o destino do agrupamento e decide o destino dentro de um agrupamento para uma vocação que tenha sido trocada de outro agrupamento. Cada nó corresponde apenas ao seu supervisor de cluster. Estes estudos incluem as questões que os acompanham e que os tornam inaplicáveis a situações de grelha de computação em grande escala.

- Cada gestor de clusters precisa de ter a informação sobre a carga de todos os outros clusters e de todos os nós do seu cluster para tomar decisões sobre o equilíbrio da carga. Este facto introduz uma sobrecarga de comunicação considerável.
- A consulta dos gestores de clusters para o envio de trabalhos resulta num custo adicional não negligenciável e num atraso na rede.

- O custo de migração dos trabalhos não é considerado para a decisão de equilíbrio da carga.
- O esquema centralizado intra-cluster cria problemas de tolerância a falhas devido a um único ponto de falha.

2.7.7 O modelo de gradiente

Na estratégia do modelo gradiente, os nós subcarregados informam os nós alternativos sobre o seu estado e os nós sobrecarregados reagem transmitindo as ocupações ao nó empilhado mais próximo. Consequentemente, as cargas deslocam-se na estrutura em direção aos nós subcarregados, guiadas pela inclinação da proximidade. Um estado de paridade mundial é alcançado computacionalmente por equalizações progressivas confinadas.

Em cada empreendimento do algoritmo, cada nó contrasta a sua carga com os limites Low-Water Mark (LWM) e High-Water Mark (HWM). O nó está situado no estado de subcarga na eventualidade de ter uma carga não exatamente LWM e no estado de sobrecarga no caso de ter uma carga mais notável do que HWM. Os nós com subcarga definem a sua proximidade como zero e todos os outros nós p definem a sua proximidade de acordo com a equação 2.1

$$\text{proximity}(p) = \min(\text{proximity}(ni)) + 1 \qquad \text{................................(2.1)}$$

Onde ni denota os nós vizinhos do nó p. A proximidade do nó é definida como a distância mais curta entre ele e o nó com menor carga mais próximo no sistema. Subsequentemente, todos os nós sobrecarregados enviam uma fração ± das suas cargas na direção da menor proximidade.

Note-se que não é encontrada qualquer medida do grau de desequilíbrio com este algoritmo, mas apenas a existência de um desequilíbrio. Quando ocorre um desequilíbrio, só se pode saber que o número de tarefas em excesso é superior a HWM-LWM. Assim, os parâmetros HWM, LWM e a fração (^ têm um impacto crítico na estabilidade e no desempenho do algoritmo e devem, por isso, ser escolhidos criteriosamente.

A estratégia do modelo gradiente não pode ser utilizada como parte de estruturas apropriadas, uma vez que os nós não estão associados a uma determinada topologia, por exemplo, uma secção transversal ou um hipercubo. Isto torna a ideia de proximidade inútil. Além disso, o algoritmo de proximidade é uma capacidade decrescente e, subsequentemente, exige muito tempo para ser avaliado em sistemas de grande escala em que os adiamentos são visíveis.

Não obstante, uma alteração do algoritmo pode ser adequada para sistemas P2P, por exemplo, Free net, em que os nós estão apenas atentos aos seus vizinhos imediatos. Assim, a ideia de vizinhança torna-se legítima e o algoritmo pode tornar-se valioso.

Os problemas nos algoritmos de balanceamento de carga têm sido estudados e os algoritmos têm sido propostos por muitos investigadores. Em [4] os autores apresentaram um algoritmo de balanceamento de carga descentralizado e adaptativo iniciado pelo remetente que usa a abordagem de estimativa de carga. O algoritmo é aplicável a sistemas de pequena escala e efectua o balanceamento de carga estimando o tempo de conclusão esperado de um trabalho nos processadores amigos em cada chegada de trabalho. Os autores propuseram um algoritmo [16] para sistemas distribuídos homogéneos. Em [16], foi demonstrado que o número total de mensagens comunicadas para atualização do balanceamento de carga para sistemas K-conectados com N processadores é inferior a KN, mas no pior dos casos a complexidade do algoritmo é igual a KN. Para melhorar o desempenho do algoritmo, os autores assumiram que todas as tarefas são homogéneas e têm a mesma dimensão. Mas os autores não mencionaram a unidade da tarefa, se o tempo de execução de todas as tarefas é o mesmo ou se o tamanho da tarefa é igual em unidade de bytes. Em [18] foi proposto um algoritmo para um grupo heterogéneo de processadores, capaz de reduzir o tempo médio de resposta de todo o sistema distribuído. O algoritmo em [18] utiliza um esquema de previsão que prevê os requisitos da tarefa e, em seguida, de acordo com a previsão, a técnica atribui a tarefa ao processador mais adequado. No entanto, o algoritmo requer um cálculo complexo para a previsão das necessidades de recursos de uma tarefa. Em [19], foi proposta uma estratégia de deslizamento para o balanceamento de carga. Este algoritmo agrupa um certo número de nós adjacentes para equilibrar a carga de trabalho num sistema distribuído. Periodicamente, os clusters devem ser rodados, deslocando cada cluster uma posição para a direita, produzindo assim novos clusters. A estratégia maximiza a utilização do sistema e reduz as despesas de comunicação. O algoritmo pode ser aplicado a qualquer sistema distribuído e as políticas garantem a escalabilidade do sistema distribuído. O algoritmo apresentado em [20] é uma política de balanceamento de carga dinâmica e descentralizada que tem um desempenho muito competitivo em redes heterogéneas. Este algoritmo utiliza um mecanismo para atualizar rapidamente a informação de estado para melhorar o tempo médio de conclusão das tarefas. O algoritmo restringe o limite de migração de tarefas que pode degradar o desempenho do sistema. Em [21] os autores usaram um algoritmo de maximização de estimativas para prever a distribuição desequilibrada da carga. Neste algoritmo, os trabalhos são migrados com base na média da estimativa. O algoritmo divide o sistema distribuído em várias zonas e as tarefas são migradas apenas dentro da zona, uma tarefa não pode ser migrada para outra zona mesmo que existam nós subutilizados nas zonas. Em [22] os autores apresentaram um algoritmo para sistemas de computação distribuída multiutilizadores de grande escala. Este algoritmo é aplicável principalmente aos sistemas que têm processadores idênticos. O algoritmo divide os nós do sistema em subconjuntos que se sobrepõem mutuamente e o nó comum obtém a informação de estado consultando apenas alguns nós. Os autores demonstraram que o algoritmo reduz significativamente a sobrecarga de comunicação. Um algoritmo de balanceamento de carga centralizado foi apresentado em [23]. Os algoritmos centralizados sofrem de problemas de escalabilidade. Embora estes algoritmos existentes sejam capazes de melhorar o desempenho do sistema, alguns tentaram reduzir a sobrecarga de comunicação, alguns deles só são eficazes para sistemas distribuídos centralizados. O algoritmo dinâmico tem as seguintes vantagens:

- Elimina os problemas de escalabilidade
- Minimizar as despesas gerais de comunicação, atribuindo a carga de trabalho ao nó com a maior capacidade de computação
- O algoritmo é aplicável a sistemas distribuídos heterogéneos
- Um nó muito carregado obtém um nó pouco carregado em menos tempo
- Utiliza uma política de medição de carga eficiente

2.8 Parâmetro de desempenho dos algoritmos de balanceamento de carga

O desempenho de um algoritmo de balanceamento de carga pode ser estimado em termos das seguintes métricas. A Tabela 1 mostra uma comparação dos algoritmos de balanceamento de carga com base nas métricas de balanceamento de carga definidas [16,17,18,20,21, 25-42].

- **Natureza:** Este elemento está relacionado com a decisão sobre a natureza ou a conduta dos algoritmos de balanceamento de carga, ou seja, se o algoritmo de balanceamento de carga é de natureza estática ou elementar, pré-planeado ou sem arranjo.
- **Rejeição de sobrecarga:** Na eventualidade de o balanceamento de carga ser um excesso de carga irrealista, são necessárias medidas de dispensa. Os Algoritmos de Balanceamento de Carga Estático provocam menos sobrecarga, uma vez que, uma vez que as atribuições são nomeadas para os processadores, não ocorre qualquer redistribuição de empresas, pelo que não há sobrecarga de migração. Os algoritmos de balanceamento de carga por elementos provocam mais despesas gerais, uma vez que a migração das tarefas requer parâmetros.
- **Fiabilidade:** Esta componente está relacionada com a fiabilidade dos algoritmos, caso se verifique a ocorrência de alguma desilusão da máquina. Os algoritmos de balanceamento de carga estáticos são menos fiáveis, uma vez que nenhuma atribuição/metodologia será trocada para outro anfitrião, caso uma máquina não funcione em tempo de execução. Os Algoritmos de Balanceamento de Carga de Elementos são mais fiáveis, uma vez que os cursos de ação podem ser trocados para outra máquina se houver uma ocorrência de desapontamento.
- **Adaptabilidade:** Este componente é utilizado para verificar se o algoritmo é versátil às circunstâncias em mudança ou em evolução. Os algoritmos de balanceamento de carga estáticos não são versáteis. Os algoritmos de balanceamento de carga por elementos são versáteis em relação a cada circunstância.
- **Estabilidade**: O algoritmo de balanceamento de carga estático é considerado estável, uma vez que nenhum dado relativo ao estado atual da carga de trabalho é transferido entre os processadores. No entanto, se houver uma ocorrência de balanceamento de carga de elementos, esse tipo de dados é trocado entre os processadores.
- **Previsibilidade**: Esta variável está relacionada com a componente determinística ou não determinística que permite antecipar o resultado do algoritmo. O comportamento do Algoritmo de Balanceamento de Carga Estático é de tempo incorporado. O comportamento do Algoritmo de Balanceamento de Carga por Elementos é caprichoso.
- **Exatidão da previsão**: A determinação é o nível de congruência entre os resultados calculados e a estima real que será criada após a execução.
- **Cooperativa**: Este parâmetro indica se os processadores oferecem dados entre eles para decidir sobre a escolha da atribuição de metodologia que outros não estão a executar.
- **Produtividade:** É a medida de empresas executadas numa unidade de tempo. Para conseguir uma execução decente de uma estrutura apropriada, é essencial que o algoritmo tenha um rendimento elevado.
- **Sobrecarga:** É a estimativa da sobrecarga incluída no Algoritmo de Balanceamento de Carga [16]. Esta métrica deve ser minimizada para obter um Algoritmo de Balanceamento de Carga produtivo.
- **Tolerância a falhas:** É a capacidade de um algoritmo ter um desempenho uniforme se ocorrerem falhas, por exemplo, falhas na ligação ou nos nós.

- **Tempo de resposta:** É o tempo necessário para reagir por um algoritmo de balanceamento de carga em uma estrutura circulada.
- **Tempo de espera:** O tempo de espera é a soma dos períodos de espera na fila de espera.
- **Tempo de resposta:** O intervalo entre o momento da apresentação de um processo e o momento da sua conclusão é o tempo de resposta.
- **Utilização de recursos:** Os algoritmos de balanceamento de carga estáticos têm uma menor utilização de recursos, uma vez que os sistemas de balanceamento de carga estáticos apenas tentam atribuir tarefas aos processadores com um objetivo final específico para minimizar o tempo de reação, negligenciando a forma como a utilização desta tarefa pode resultar numa circunstância em que alguns processadores concluem o seu trabalho mais cedo e ficam parados devido à ausência de trabalho. Os Algoritmos de Balanceamento de Carga de Elementos têm uma utilização de recursos moderadamente melhor, uma vez que o Balanceamento de Carga dinâmico lida com a forma como a carga deve ser igualmente distribuída pelos processadores, de modo a que nenhum processador fique inativo.
- **Migração de processos**: O parâmetro de movimento do processo indica quando uma estrutura opta por utilizar uma metodologia. O algoritmo é competente para concluir se deve ou não implementar melhorias de disseminação de carga durante a execução da metodologia.
- **Preemptividade:** Esta componente está relacionada com a verificação da forma como os algoritmos de balanceamento de carga são intrinsecamente não preemptivos, uma vez que não são deslocadas empresas. Os algoritmos de equilibragem da carga dos elementos são simultaneamente preemptivos e não preemptivos.
- **Processor Thrashing:** O Processor thrashing acontece quando a maioria dos processadores da estrutura está a investir a maior parte da sua energia na relocalização de cursos de ação sem cumprir qualquer trabalho útil tentando planear legitimamente os métodos para uma melhor execução. Os algoritmos de balanceamento de carga estáticos estão isentos de "Processor whipping", uma vez que não há migração de tarefas. Os algoritmos de balanceamento de carga por elementos provocam um desgaste significativo do processador.
- **Escalabilidade:** É a capacidade de um algoritmo para gerir uma estrutura em desenvolvimento com um número limitado de nós. O algoritmo deve ter a capacidade de obrigar a um sistema disseminado que se desenvolve.
- **Tempo de migração:** É o tempo necessário para trocar a carga de trabalho, começando por uma estrutura e passando para a seguinte [20].

2.9 Conclusão

Os algoritmos de balanceamento de carga estáticos são negligenciados para reagir a um ambiente de tempo de execução dinâmico e, consequentemente, podem aumentar fundamentalmente o tempo de reação do emprego. O problema com os algoritmos de balanceamento de carga estáticos é que eles obrigam a trabalhar dados a priori que não são acessíveis antecipadamente, uma medida considerável de cálculo é obrigada a adquirir o calendário ideal. Nos algoritmos de balanceamento de carga dinâmicos, a carga de trabalho não é distribuída estaticamente pelos componentes de registo. Os algoritmos centralizados sofrem de problemas de escalabilidade. Embora estes algoritmos existentes sejam capazes de melhorar o desempenho do sistema, alguns tentaram reduzir a sobrecarga de comunicação, mas alguns deles só são eficazes para sistemas distribuídos centralizados

CAPÍTULO 3
MIGRAÇÃO DE PROCESSOS

O movimento do processo é o desenvolvimento de uma metodologia atualmente em execução para um novo processador. O movimento do processo permite que a estrutura explore as alterações na execução da metodologia ou na utilização do sistema durante a execução do procedimento. Um algoritmo de equilíbrio de carga tenta utilizar completamente os recursos de um sistema apropriado. A deslocalização do processo acontece quando um procedimento deve ser trocado começando com um processador e depois para o próximo. No momento em que um procedimento obriga a recursos que não estão acessíveis no processador atual, a metodologia é realocada num processador onde os recursos obrigados estão acessíveis, enquanto o Algoritmo de Balanceamento de Carga é utilizado para expandir a utilização da estrutura e o rendimento geral da estrutura.

3.1 Migração de processos

A migração de processos é o desenvolvimento de um procedimento atualmente em execução para um novo processador. A deslocalização de processos permite que a estrutura explore alterações na execução da metodologia ou na utilização do sistema durante a execução do processo. A deslocação de processos é útil para trabalhos substanciais que têm necessidades de recursos variáveis. À medida que o trabalho se torna maior e os seus pré-requisitos de recursos tornam-se mais variáveis, o Balanceamento de Carga tem menos impacto à luz do facto de que as condições iniciais no momento do Balanceamento de Carga podem mudar [3, 4]. Uma mistura de balanceamento de carga e realocação de procedimentos é o instrumento mais vantajoso para explorar os recursos de um sistema disseminado. Ao fornecer um algoritmo de deslocação de procedimentos, um algoritmo de balanceamento de carga tem adaptabilidade na sua atribuição inicial, uma vez que uma metodologia pode ser deslocada sempre que necessário.

Um grande número dos mesmos problemas que ocorrem no balanceamento de carga também ocorre na realocação de procedimentos. Por exemplo, é necessária uma medida valiosa de carga do processador, e o algoritmo ainda deve lidar com dados de carga obsoletos e inadequados. Além disso, o movimento de transformação deve igualmente lidar com o desenvolvimento do estado da metodologia, a deslocação da correspondência e o reinício do procedimento com base nos dados do estado. Além disso, o movimento de transformação deve ser efectuado rapidamente para compreender um incremento na execução. O tempo médio de execução de uma metodologia é de cerca de 50ms, pelo que a deslocação de manipuladores deve ser rápida [2]. Existem algumas medidas de execução imperativas para avaliar uma convenção de movimento de procedimento. O tempo de inatividade do movimento do procedimento é o tempo decorrido entre a emissão do pedido de relocalização e o momento em que a metodologia pode ser executada na nova máquina. O tempo de paragem das mensagens é o tempo em que as mensagens são interrompidas durante a deslocalização da metodologia. A extração é o processo de separar os dados da metodologia da parte da estrutura de trabalho e a inserção é o processo de incorporar os dados da metodologia na parte das operações. Os algoritmos de deslocação de processos têm de lidar com a estabilidade do processo [5]. Um processo é visto como fixo na hipótese de não dever ser movido da sua área atual. Tais técnicas incorporam formas de E/S que se associam intensamente ao terminal do cliente (por exemplo, ferramenta de conteúdo). Até 70% das metodologias podem ser fixas e a deslocação de processos continua a ser vantajosa [2].

3.1.1 Migração de processos homogéneos

A relocalização homogénea de processos inclui a relocalização de cursos de ação numa situação homogénea em que todos os quadros têm o mesmo planeamento estrutural e o mesmo quadro de trabalho, mas não tanto os mesmos recursos ou capacidades. A relocalização de processos pode ser efectuada quer ao nível do utilizador quer ao nível do kernel.

3.1.2 Migração de processos a nível do utilizador

As estratégias de relocalização da metodologia ao nível do utilizador reforçam o movimento do processo sem alterar a parte da estrutura de trabalho [2]. As técnicas de relocalização ao nível do utilizador são mais simples de criar e manter, mas têm dois problemas básicos:

- Não têm direito a aceder ao estado do kernel, o que implica que não podem relocalizar todos os processos [2].
- É um processo muito lento atravessar a fronteira entre o kernel e a aplicação utilizando o pedido do kernel e, por conseguinte, é muito dispendioso.

3.1. 3Migração de processos a nível do kernel

Para tornar a migração de processos mais fácil e mais eficiente, as técnicas de migração de processos a nível do kernel modificam o kernel do sistema operativo. A modificação do kernel permite que a migração de processos seja feita rapidamente e migre vários tipos de processos [2]. Infelizmente, as implementações mais antigas têm uma sobrecarga elevada, tempos de paragem longos e ainda não conseguem migrar todos os processos.

3.2 Algoritmos de migração de processos homogéneos

Segue-se o algoritmo básico de migração de processos homogéneos:

i. Algoritmo de cópia total
ii. Algoritmo de pré-cópia
iii. Algoritmo da página de procura
iv. Algoritmo do servidor de ficheiros
v. Algoritmo Freeze Free

1.1.1 Algoritmo de cópia total

É o primeiro e mais utilizado algoritmo de migração de processos. A ideia subjacente a este algoritmo é suspender o processo, transferir todas as informações de estado e, em seguida, retomar o processo. O algoritmo geral é:

- Suspender o processo no anfitrião antigo.
- O nó sobrecarregado envia uma mensagem de pedido de aprovação de migração a um nó subcarregado.
- Confirmação do novo anfitrião à mensagem de pedido com aceitação ou rejeição.

- Se o aviso de receção for afirmativo, o antigo anfitrião:
- Inicia e transfere o estado do processo.
- Transferir ligações de comunicação e mensagens em memória intermédia.
- Limpa os blocos de ficheiros da cache e envia descritores de ficheiros e blocos de ficheiros sujos da cache.
- Envia todas as páginas de código, carregamento e pilha.
- Diz ao novo anfitrião para reiniciar o processo.

1.1.2 Algoritmo de pré-cópia

O algoritmo de pré-cópia [2] actualiza a troca do espaço de localização virtual para o novo hospedeiro, executando-o em paralelo com a execução do procedimento de relocalização no hospedeiro antigo. O movimento é reconhecido pelo novo hospedeiro, o nó antigo no algoritmo Pre-Copy despacha todo o código, carga e páginas de pilha para o novo hospedeiro. Na eventualidade de o número agregado de páginas alteradas enviadas ser mais proeminente do que um ponto mais distante predeterminado, a metodologia prossegue com a execução e as páginas recentemente alteradas são retransmitidas. Caso contrário, a metodologia é suspensa e todos os outros dados de estado são trocados.

O algoritmo diminui o tempo de relocalização restringindo a quantidade de páginas do espaço de localização virtual transmitidas durante a suspensão do procedimento. Em todo o caso, a despesa geral aumenta se as páginas continuarem a ser ajustadas enquanto a metodologia estiver a ser executada no anfitrião antigo e tiverem de ser retransmitidas. Poderão ser necessários alguns envios de páginas até que a quantidade de páginas alteradas não seja exatamente a maior possível.

1.1.3 Algoritmo da página de procura

Zayas actualizou um algoritmo de relocalização do procedimento Demand Paging [4]. Ele utiliza duplicação lenta ou duplicação em referência para páginas como paginação de interesse. O algoritmo Demand Paging é como o algoritmo Total Copy, com a exceção de que não são trocadas páginas de memória virtual no momento da relocação. Todos os outros dados de estado e documentos são trocados, mas nenhuma página de memória virtual. No momento em que a metodologia é reiniciada na nova máquina, ela paginará a culpa rapidamente. A metodologia então exige a página fantasiada do antigo host. As novas técnicas irão provavelmente culpar a página três vezes numa fase muito inicial da sua execução; uma deficiência de página para o código atual, pilha e páginas de pilha separadamente. As futuras falhas de página são preenchidas pedindo as páginas do antigo hospedeiro. Esta técnica envia menos informação de memória virtual, e as páginas que são transportadas são enviadas numa premissa conforme necessário. Esta técnica permite reduzir os tempos de inatividade do movimento de paragem de mensagens e de metodologia e não desperdiça a troca de páginas não utilizadas.

A carga é que o anfitrião antigo deve manter os dados do espaço de localização virtual até que a metodologia termine. Isto pode ser um problema se uma metodologia se deslocalizar várias vezes. Ao deixar os dados do espaço de localização no anfitrião antigo, existe uma dependência residual e o algoritmo não é tolerante à culpa.

1.1.4 Algoritmo do servidor de ficheiros

O algoritmo File Server foi desenvolvido por Douglis [5] e utiliza um terceiro nó para a movimentação de procedimentos, conhecido como servidor de documentos. Já antes, apenas o antigo e o novo host eram incluídos na movimentação de processos. Ao incluir um servidor de registos, o movimento de processos pode ser possível utilizando a eficácia da paginação de interesses sem ter uma dependência remanescente do anfitrião antigo. O algoritmo do servidor de ficheiros é muito semelhante ao algoritmo de paginação por procura. Depois de obter autorização para transferir a metodologia para o novo anfitrião, o anfitrião antigo envia dados de estado; dados de junção, descritores de registos e dados de espaço de localização. O anfitrião antigo aconselha então o novo anfitrião a iniciar a execução do procedimento. Nessa altura, em vez de o anfitrião antigo manter o espaço de localização como no algoritmo Demand Paging, o anfitrião antigo utiliza simultaneamente páginas sujas e quadrados de reserva de registos para o servidor de documentos. Pela primeira vez, o nó antigo pode ter de satisfazer as exigências de página, mas no final o servidor de registos tratará das deficiências de página produzidas pela metodologia movida quando o espaço de localização for trocado para o anfitrião antigo. Apesar do facto de o algoritmo ter potencial para tempos de paragem de mensagens longos, a sua execução é a melhor das estruturas antigas e não deixa qualquer confiança persistente.

1.1.5 Algoritmo Freeze Free

O Algoritmo Freeze Free [2] foi proposto por Roush. O seu objetivo era melhorar os algoritmos actuais que negligenciam a movimentação de formulários a uma velocidade superior ao tempo de execução normal da metodologia. Primeiro, elimina a mensagem de solicitação de atenção. Isto poupa o tempo de espera por uma resposta, que é uma mensagem de ida e volta pouco razoável.

A troca do espaço de localização é adicionalmente um problema. Ele envia o código atual, a pilha e as páginas de pilha com base no fato de que essas páginas provavelmente serão necessárias imediatamente. A página de código atual pode ser resolvida a partir do contador de projeto, a página de pilha atual pode ser definida a partir do ponteiro de pilha e a página de pilha atual pode ser avaliada heuristicamente através da análise de direcções com operações de carregamento ou armazenamento em registos. As páginas alternativas podem ser descarregadas para o servidor de registos em simultâneo com a execução do procedimento no novo anfitrião. Cuidar das correspondências entre procedimentos é problemático, tendo em conta o facto de uma metodologia móvel poder receber mensagens. A questão é que o subsistema de correspondência altera o estado da metodologia aquando da receção da mensagem, o que pode influenciar outras estruturas de informação. Por conseguinte, o tratamento das mensagens deve ser reforçado aquando da troca de estado dos procedimentos. A resposta a este problema consiste em expulsar o estado da ligação de correspondência do módulo que contém o estado da metodologia e vice-versa. Ao distribuir uma área de memória diferente para manter o estado de correspondência e desacoplar a metodologia e a junção de correspondência uma da outra, a receção de mensagens pode continuar em paralelo com a relocalização de procedimentos. O subsistema de correspondência suporta mensagens no distrito de correspondência e regista dados de linha significativos, mas não educa um procedimento de relocalização da receção de mensagens. O subsistema de correspondência pode então mover-se de forma independente, o que diminui incrivelmente o tempo de paragem das mensagens.

Assim, o tempo de paragem da mensagem deixa de estar dependente do tempo de movimento da metodologia geral. Atualmente, as mensagens podem ser perdidas quando se desloca a junção de correspondência, pelo que é colocado um banner para rejeitar as mensagens que se aproximam. Após a deslocação, o anfitrião antigo rejeita as mensagens que se aproximam, enviando um aviso e a nova área ao remetente. O subsistema de correspondência que enviou a mensagem revê os dados da ligação e retransmite-os. Em casos pouco comuns, pode ser concebível que uma mensagem retransmitida chegue ao novo anfitrião antes da junção da correspondência, pelo que as mensagens são obstruídas no novo anfitrião até à chegada da ligação de correspondência. Um processo de relocalização pode continuar no novo anfitrião sem esperar que a ligação de correspondência chegue e, na eventualidade de tentar chegar aos intercâmbios antes da sua chegada, ficará bloqueado. Esta metodologia elimina com êxito o tempo de paragem da mensagem. O algoritmo Freeze Free destina-se a um sistema distribuído que utiliza a comunicação por mensagens e é suportado por um servidor de ficheiros distribuído. Todos os anfitriões são homogéneos e utilizam o mesmo sistema operativo. O algoritmo é o seguinte:

- O anfitrião antigo suspende o processo de migração.
- O antigo anfitrião recolhe o estado de execução e o estado de controlo do processo e transmite-o ao novo anfitrião.
- O novo anfitrião inicializa objectos de processo vazios e responde com aceitação ou rejeição.
- Simultaneamente e logo após a sua transmissão inicial, o anfitrião antigo determina o código atual, a pilha e as páginas de heap e transmite-as.
- Quando o novo anfitrião recebe a primeira página de código, pilha e heap (opcional), retoma o processo de migração.
- Simultaneamente, o anfitrião antigo envia as restantes páginas da pilha, seguidas das ligações de comunicação e das informações do descritor de ficheiros.
- O anfitrião antigo descarrega então as páginas sujas da pilha e da cache de ficheiros. (Isso pode ser feito em paralelo com as transferências para o novo host se houver um link de comunicação separado).
- Depois de todos os dados terem sido transferidos do anfitrião antigo, este envia uma mensagem de descarga completa para o novo anfitrião.

3.3 Migração de processos heterogéneos

A deslocalização de procedimentos heterogéneos é o movimento metodológico transversal às arquitecturas de máquinas e estruturas de trabalho. Claramente, é mais confuso do que o caso homogéneo à luz do facto de que deve considerar a máquina e trabalhar estruturas e destaques particulares, e adicionalmente transmitir os mesmos dados que o movimento de metodologia homogénea, incluindo o estado do procedimento, o espaço de localização e os dados de registo e correspondência. A deslocalização de procedimentos heterogéneos é particularmente relevante no ambiente portátil, onde é extremamente provável que a unidade versátil e a estação de apoio de base sejam diversos tipos de máquinas. Seria interessante deslocar um processo da unidade portátil para a estação de base e vice-versa durante o cálculo. Isto não poderia ser conseguido através de uma deslocalização homogénea como regra. Existem 4 tipos fundamentais de deslocação heterogénea [6]: Objeto passivo: apenas os dados são transferidos e devem ser traduzidos.

3.3.1 Objeto ativo, migrar quando inativo

O processo é migrado quando não está a ser executado. O código existe em ambos os locais, e apenas os dados precisam de ser transferidos e traduzidos.

3.3.2 Objeto ativo, código interpretado

O processo está a ser executado através de um intérprete, pelo que só é necessário transferir os dados e o estado do intérprete.

3.3.3 Objectos activos, códigos nativos

Tanto o código como os dados têm de ser traduzidos à medida que são compilados para uma arquitetura específica.

3.4 Conclusão

A deslocação de processos inclui a troca de um processo em execução entre máquinas. No movimento homogéneo de processos, esta troca é feita entre máquinas do mesmo tipo, enquanto a deslocalização heterogénea de metodologias troca métodos entre máquinas de diferentes arquitecturas e estruturas de trabalho. Existem inúmeros algoritmos para executar o movimento de processos que se esforçam por minimizar a deslocalização de metodologias e os tempos de paragem de mensagens. Por fim, apesar de o movimento de processos ser uma zona muito criada com zonas restritas de investigação futura, a investigação sobre a inovação dos compiladores e os dialectos de programação que melhor reforçam a apropriação, a deslocalização e a heterogeneidade, quando associada a uma componente de movimento de procedimentos adequada, pode considerar uma melhor utilização dos sistemas de estações de trabalho.

CAPÍTULO 4

MODELO DE SISTEMA

Foi criado um sistema distribuído para aprovar o modelo determinístico e o modelo estocástico, a fim de avaliar a execução de diferentes disposições de ajustamento da carga numa situação real. A estrutura é composta por cópias da mesma programação em execução em cada hub. O balanceamento de carga consiste em saber quando ajustar e qual o número de atribuições a transmitir, o que é feito geralmente em cada centro. A escolha é, portanto, apropriada em vez de ser reunida, caso para o qual um hub especializado é responsável por decidir sobre a escolha. A metodologia de ajustamento da carga que funciona em cada centro constrói a sua escolha em função dos dados próximos e das informações partilhadas que são trocadas entre os centros. Nesta secção, descreve-se o planeamento estrutural interno do sistema de equilíbrio distribuído.

4.1 Plataformas

O algoritmo de balanceamento de carga foi implementado em JAVA em sistemas baseados em Windows. Java é uma linguagem de programação de alto nível desenvolvida pela Sun Microsystems. Java é uma linguagem orientada para objectos simplificada para eliminar as caraterísticas da linguagem que causam erros de programação comuns.

Os ficheiros de código-fonte Java (ficheiros com uma extensão .java) são compilados num formato denominado código de bytes (ficheiros com uma extensão .classe), que pode então ser executado por um interpretador Java. O código Java compilado pode ser executado na maioria dos computadores porque os interpretadores Java e os ambientes de tempo de execução, conhecidos como Java Virtual Machines (VMs), existem para a maioria dos sistemas operativos, incluindo o UNIX, o Macintosh OS e o Windows. O código de bytes também pode ser convertido diretamente em instruções de linguagem de máquina por um compilador just-in-time (JIT). A máquina Windows foi usada para executar experiências no simulador GridSim. O conjunto de ferramentas GridSim permite a modelação e a simulação de entidades em sistemas de computação paralela e distribuída (CPD) - utilizadores, aplicações, recursos e corretores de recursos (programadores) para a conceção e avaliação de algoritmos de programação. Fornece uma facilidade abrangente para a criação de diferentes classes de recursos heterogéneos que podem ser agregados utilizando corretores de recursos. Um recurso pode ser um único processador ou multiprocessador com memória partilhada ou distribuída e gerido por programadores partilhados no tempo ou no espaço. Os nós de processamento dentro de um recurso podem ser heterogéneos em termos de capacidade de processamento, configuração e disponibilidade. Os corretores de recursos utilizam algoritmos ou políticas de programação para mapear os trabalhos para os recursos, a fim de otimizar os objectivos do sistema ou do utilizador, em função dos seus objectivos.

Visão geral das funcionalidades do GridSim:

- Incorpora as falhas dos recursos da rede durante o tempo de execução.
- Novas políticas de alocação podem ser criadas e integradas no GridSim Toolkit, estendendo a classe AllocPolicy.
- Dispõe da infraestrutura ou do quadro de apoio à reserva antecipada de um sistema de grelha.
- Incorpora uma funcionalidade que lê traços de carga de trabalho retirados de supercomputadores para

simular um ambiente de grelha realista.

- Incorpora um modelo de leilão no GridSim.
- Incorpora uma extensão datagrid no GridSim.
- Incorpora uma extensão de rede ao GridSim. Agora, os recursos e outras entidades podem ser ligados numa topologia de rede.
- Incorpora uma funcionalidade de tráfego de rede de fundo baseada numa distribuição probabilística. Isto é útil para simular numa rede pública onde a rede está congestionada.
- Incorpora múltiplas entidades regionais do Serviço de Informação de Grelha (SIG) ligadas numa topologia de rede. Assim, podemos simular uma experiência com múltiplas Organizações Virtuais (OVs).
- Adiciona o ficheiro de compilação ant para compilar os ficheiros fonte do GridSim.

O NetBeans IDE é um ambiente de desenvolvimento integrado (IDE) gratuito e de código aberto que permite desenvolver aplicações desktop, móveis e Web. O IDE suporta o desenvolvimento de aplicativos em várias linguagens, incluindo Java, HTML5, PHP e C++. O IDE oferece suporte integrado para o ciclo de desenvolvimento completo, desde a criação do projeto até a depuração, a criação de perfil e a implantação. O IDE é executado em Windows, Linux, Mac OS X e outros sistemas baseados em UNIX.

O IDE oferece suporte abrangente para as tecnologias JDK e os aprimoramentos Java mais recentes. É o primeiro IDE que oferece suporte para JDK, Java EE e JavaFX 2. O IDE suporta totalmente o Java EE utilizando os padrões mais recentes para Java, XML, serviços Web e SQL e suporta totalmente o GlassFish Server, a implementação de referência do Java EE.

4.2 Variáveis e estruturas de dados

Foram utilizadas duas estruturas de dados principais no programa. A primeira é uma lista de prioridades simples que contém o poder de computação de cada nó.

Tabela 4.1. Lista de notações utilizadas no algoritmo

Serial No.	**Notation**	**Description**
1	n	Total number of nodes in the Distributed system
2	L_i	Total load at node i
3	C_i	Current processor load at node i
4	M_i	Memory load at node i
5	IO_i	I/O load of node i
6	T	Threshold value of the system
7	C_p	Computing power of a node

8	N_p	No. of processor at a node
9	P_s	Processor speed
10	M_a	Memory available at a node
11	Q_i	Load status of the destination node
12	P	Process to be migrated
13	N	Destination processor where the process is to be migrated

Considera-se que o sistema distribuído tem as seguintes propriedades:

- Um sistema distribuído é constituído por um conjunto de recursos informáticos heterogéneos; assume-se que existem n recursos informáticos.
- Os nós do sistema distribuído são diferentes no que respeita à capacidade de computação.
- A carga em cada processador é calculada através da fórmula

$$Li = Ci + Mi + IOi \tag{4.1}$$

O estado da carga de cada nó é dado da seguinte forma [24]:

Li = 0; Diz-se que um nó está inativo se não tiver nenhum trabalho para processar

Li ≤T; um nó com carga inferior ao limiar está pouco carregado

Li >T; um nó com uma carga superior ao limiar está sobrecarregado

- A carga média do sistema distribuído é calculada como

$$T = (\sum_{i=1}^{n} L_i)/n \tag{4.2}$$

Onde $1 \leq I \leq n$

- A potência de computação de um nó pode ser obtida pela fórmula

$$Cp = (Np*Ps) - Ma \tag{4.3}$$

- Inicialmente, assume-se que cada nó tem alguma carga de trabalho no sistema distribuído. Durante o processo de balanceamento de carga, a carga de trabalho dos nós pode aumentar ou diminuir, dependendo do estado atual da carga do sistema.
- Considera-se que a transferência da carga de trabalho será apenas não preemptiva.

4.3 Sistema distribuído ponto a ponto

Um sistema peer-to-peer é um conjunto de nós peer que actuam como servidores e como clientes Fornecem recursos a outros peers Consomem recursos de outros peers.

4.3.1 Caraterísticas do P2P

- Equilíbrio da carga de acesso, técnicas de pesquisa e recuperação de dados
- Cada máquina participante contribui com recursos

- Disponibilidade volátil e não exclusiva de nós
- Melhor escalabilidade para um grande número de objectos, devido ao armazenamento distribuído
- As rotas e as referências de objectos podem ser replicadas, tolerando falhas de nós
- Complexidade e comportamento em tempo de execução de sistemas P2P modernos de grande escala ainda em investigação (P2P crawlers)

4.4 Conclusão

A escolha é, por conseguinte, apropriada em vez de ser reunida, caso em que um nó perito é encarregado de decidir a escolha. A metodologia de ajustamento da carga que funciona em cada hub constrói a sua escolha em função dos dados próximos e das informações partilhadas entre os nós. Nesta secção, descreve-se a estrutura interna e o planeamento do sistema distribuído de equilíbrio.

CAPÍTULO 5

ALGORITMO PROPOSTO

De um modo geral, os algoritmos de balanceamento de carga são aplicados às redes paralelas e distribuídas para obter um elevado rendimento e uma elevada utilização do sistema. Os algoritmos de balanceamento de carga tentam obter a utilização óptima do sistema distribuindo uniformemente a carga de trabalho pelos nós e fazendo com que os nós estejam ocupados a maior parte do tempo.

Uma rede de computação distribuída ou paralela é uma interconexão de diferentes recursos de computação.

Os recursos da rede distribuída têm um poder de computação diferente, pelo que é necessário um algoritmo de equilíbrio de carga que optimize a utilização dos recursos. O algoritmo proposto toma a decisão com base no estado atual da carga do sistema para mover a carga de trabalho de um nó para outro. No modelo proposto, cada nó é tratado como cliente e servidor por todos os nós do sistema.

5.1 Parâmetro de desempenho

A métrica de desempenho considerada neste teste é a utilização de recursos. É utilizada para verificar a utilização de recursos da estrutura. A utilização ideal dos recursos permite uma melhor execução e uma diminuição do tempo de reação da estrutura disseminada.

Na estrutura dispersa, o desperdício na utilização dos recursos leva especificamente a despesas mais elevadas sem qualquer vantagem adicional. A principal razão significativa para o desperdício na utilização dos recursos é a falta de jeito com a carga de trabalho. O aumento da utilização na rede distribuída serve para diminuir o tempo de execução do trabalho. A utilização dá uma indicação da taxa de tempo em que os recursos das estruturas transportadas estão ocupados. Neste sentido, trata-se da proporção entre o tempo ocupado e o tempo total de passagem durante um determinado período. O período em que uma fonte não está a ser utilizada é conhecido como tempo de inatividade. A utilização do sistema é uma métrica global para o desempenho do sistema.

5.2 Algoritmo proposto para balanceamento de carga

Esta secção aborda a abordagem para o balanceamento de carga, sendo a seguir apresentado o algoritmo proposto para o balanceamento de carga. É constituído pelos seguintes módulos. Estes são abordados da seguinte forma:

Computar_Potência()

Este módulo destina-se a calcular o poder de computação de cada nó. Utiliza o número de processadores, a velocidade do processador e a memória total para calcular o poder de computação de um nó. Para implementar este módulo, é utilizada uma aplicação denominada SIGAR (System Information Gatherer And Reporter). A API SIGAR fornece uma interface portátil para recolher informações sobre o sistema, tais como: Memória do sistema, swap, CPU, média de carga, tempo de atividade, logins Memória por processo, informações de credenciais, estado, argumentos, ambiente, arquivos abertos Deteção e métricas do sistema de arquivos. O SIGAR está licenciado sob a Licença Apache, Versão 2.0.

Computar_Potência()

```
{
        // Get number of processors available to the node
        Np-get_number_processors;
        // Get processor speed
        Ps= processor_speed;
        // Get the available memory at the node
        Ma=total_available_memory;
        Return((Np * Ps) + Ma);
}
```

Partilhar()

Este módulo partilha o poder de computação de um nó com outros nós do sistema distribuído. Uma vez que numa rede ponto a ponto cada nó funciona tanto como servidor como cliente, cada nó está pronto a aceitar a mensagem proveniente de outro nó. Depois de obter o poder de computação de cada nó, cada nó cria uma lista por ordem decrescente de poder de computação.

Migrar()

Este módulo destina-se a selecionar um trabalho adequado para transferir para o nó de destino.

```
Migrate()
{
/*overload is assigned to available node*/
Under-loaded node = T;
/*overload is reduced from the overloaded node, here T is the job to be transmitted*/
 Load [Ni] = Load [Ni] – T;
}
```

Procedimento principal

```
Procedure: Main()

{

        Flag: = 1;

        Inti;

        C_p = Compute_Power();                // Determine the computing power of the node

        Share(C_p);
```

// Transmitir o poder de computação ao sistema distribuído e cada nó faz uma lista de prioridades e guarda-a para si.

```
        Lj = Cj + Mj + IOj;                   // Li is the current load of the node

        If( Lj>T)
```

// Em que T é a carga média do sistema, ou seja, se a carga atual do nó for superior à carga média, o nó j está sobrecarregado

```
        {

            i = n;

            Do

                {

                    Q_i = Request_node(i);          // Get the load status of node i

                    If(L_j > Q_i)

                    {

                        N=i;

                        Migrate(P, N);

                        // Migrate the job to the destination processor N.

                        Flag = 0;

                    }

                    i--;
```

```
            }       while(Flag);

        }

}       End of Procedure;
```

O algoritmo de balanceamento de carga proposto encontra um nó subcarregado apenas olhando para uma lista e pedindo o estado de carga desse nó. Não envia cegamente pedidos de informação sobre o estado de carga de um nó, mas analisa primeiro a lista de prioridades e envia o pedido a um nó com elevada probabilidade de estar subcarregado. Enquanto outros algoritmos de balanceamento de carga geralmente encontram um nó subcarregado procurando por todo o sistema distribuído e, portanto, exigem mais esforços.

5.3 Conclusão

A utilização ideal dos recursos permite uma melhor execução e uma diminuição do tempo de reação da rede disseminada. O algoritmo proposto toma a decisão com base no estado atual da carga do sistema para mover a carga de trabalho de um nó para outro. No modelo proposto, cada nó é tratado como cliente e servidor por todos os nós do sistema. O algoritmo de balanceamento de carga proposto encontra um nó subcarregado apenas olhando para uma lista e perguntando pelo estado de carga desse nó. Não envia cegamente pedidos para o estado de carga de um nó, primeiro olha para a lista de prioridades e envia o pedido para um nó que tem alta probabilidade de estar subcarregado. Enquanto outros algoritmos de balanceamento de carga geralmente encontram um nó subcarregado procurando por todo o sistema distribuído e, portanto, exigem mais esforços.

CAPÍTULO 6

RESULTADOS e ANÁLISE

Uma vez que as redes distribuídas oferecem um limite de processamento incrível, a sua utilização tem registado um enorme desenvolvimento. Atualmente, é necessário tirar o máximo partido da sua preferência, através de um plano de atribuição de recursos decente. A programação distribuída é utilizada como parte de estruturas circuladas, que redistribuem a carga da estrutura entre elementos de processamento distintos, de modo a aumentar a utilização geral do sistema.

Os algoritmos de balanceamento de carga estático têm um tempo de resposta mais curto, pois não se deve esquecer que no balanceamento de carga estático há menos sobrecarga, como discutido anteriormente, pelo que a ênfase é totalmente colocada na execução de trabalhos em menos tempo, em vez de utilizar de forma óptima os recursos disponíveis.

Os algoritmos de balanceamento dinâmico de carga podem ter um tempo de resposta relativamente mais elevado, uma vez que, por vezes, ocorre a redistribuição de processos. É consumido algum tempo durante a migração de tarefas.

6.1 Tempo de resposta

É o tempo necessário para responder por um algoritmo de balanceamento de carga num sistema distribuído. O algoritmo tem um tempo de resposta reduzido em comparação com os algoritmos de balanceamento de carga aleatório e simétrico. A Figura 6.1 mostra o tempo de resposta dos esquemas de balanceamento de carga mantendo o número de nós em 10 e variando o número de trabalhos. O tempo médio de resposta para um conjunto de trabalhos é definido como:

$$ART = \frac{\sum_{i=1}^{n} Response\ time\ Ji}{n} \qquad (6.1)$$

Em que n é o número total de trabalhos concluídos para efeitos de avaliação.

Tabela 6.1. Tempo médio de resposta do algoritmo com um número variável de trabalhos

No. of jobs	Average response time(msec)
9	2.5
12	5
15	15
18	22
25	27

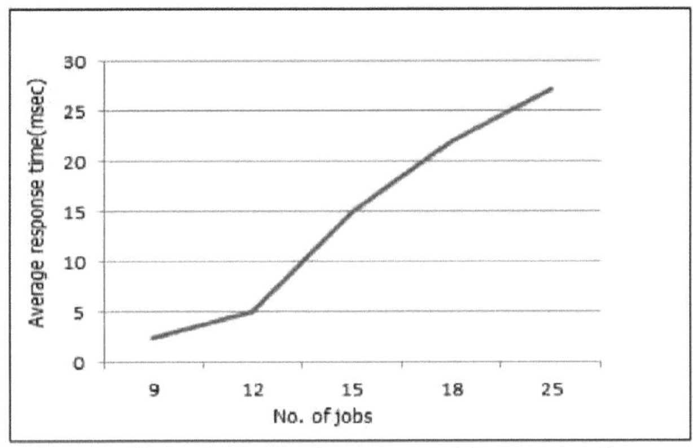

Figura 6.1. Tempo de resposta do esquema de balanceamento de carga

6.2 Rendimento

A Figura 6.2 mostra a taxa de transferência do algoritmo proposto com um número variável de tarefas, mantendo o número de nós constante em 10.

Tabela 6.2: Taxa de transferência dos algoritmos de balanceamento de carga

No. of jobs	Throughput
9	0.19
12	0.22
15	0.45
18	0.60
25	0.62

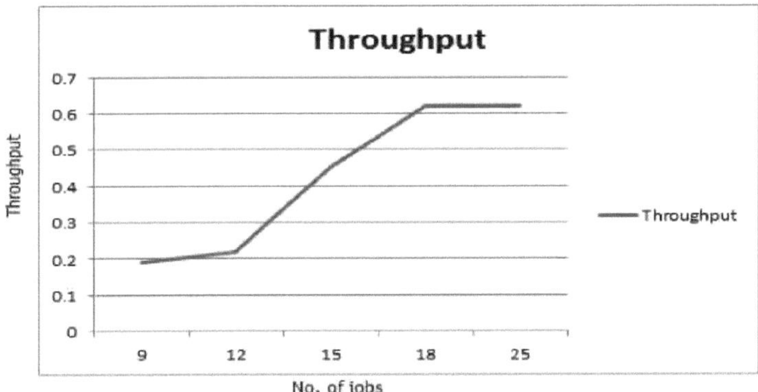

Figura 6.2. Taxa de transferência média do esquema de balanceamento de carga

6.3 Conclusão

A atribuição da carga de trabalho aos nós de computação de acordo com a sua capacidade de computação aumentará o desempenho do sistema. A utilização ideal dos recursos permite uma melhor execução e uma diminuição do tempo de reação da rede disseminada. O algoritmo proposto toma a decisão, com base no estado atual da carga do sistema, de transferir a carga de trabalho de um nó para outro.

CAPÍTULO 7

CONCLUSÕES E TRABALHOS FUTUROS

A motivação é desenvolver uma técnica de programação distribuída dinâmica que aumente a utilização dos recursos. Pode determinar eficazmente o anfitrião adequado para a migração de trabalhos. Existem numerosos algoritmos para executar o movimento de processos que se esforçam por minimizar a deslocação da metodologia e os tempos de paragem das mensagens. Os recursos na rede distribuída têm diferentes poderes de computação e, por isso, é necessário um algoritmo de equilíbrio de carga que optimize a utilização dos recursos. Nesta tese, começámos por apresentar uma breve descrição das diferentes taxonomias das políticas de balanceamento de carga, seguida de uma visão geral dos trabalhos anteriores neste domínio. O nosso trabalho aponta para a necessidade de abordar o problema da utilização eficiente e do tempo de resposta satisfatório, e do balanceamento de carga em sistemas computacionais distribuídos. O algoritmo de balanceamento de carga proposto encontra um nó subcarregado apenas olhando para uma lista e pedindo o estado de carga desse nó. O algoritmo não envia cegamente pedidos de informação sobre o estado de carga de um nó, mas analisa primeiro a lista de prioridades e envia o pedido a um nó com elevada probabilidade de estar subcarregado. Enquanto outros algoritmos de balanceamento de carga geralmente encontram um nó subcarregado procurando por todo o sistema distribuído e, portanto, exigem mais esforços. No futuro, tentaremos comparar o desempenho do algoritmo proposto com outros algoritmos de balanceamento de carga.

REFERÊNCIAS

[1] . Kameda, H., Li, J., Kim, C., Zhang, Y., "Optimal Load Balancing in Distributed Computer Systems", Springer-Verlog London Limited 1997.

[2] . Seyed Rasool Moosavi-Nejad, S.S. Mortazavi e BijanVosoughiVahdat, "Fuzzy Based Design and Tuning of Distributed systems Load Balancing Controller", em SAStech, 5th simpósio sobre avanços em ciência e tecnologia, 2011.

[3] . Kun-Ming, V., Chou, Y. e Wang, "A Fuzzy-based Dynamic Load-balancing Algorithm", Journal of Information, Technology and Society 4(2): 55-63, 2004.

[4] . SameenaNaaj, A. Alam, R. Biswas, "Effect of Different Defuzzification Methods in a Fuzzy Based Load Balancing Application" , IJCSI International Journal of Computer Science Issues, Vol. 8, Issue 5, No 1, ISSN (Online): 1694-0814, setembro de 2011.

[5] . Md. FirojAli, Rafiqul Zaman Khan, "The Study on Load Balancing Strategies in Distributed Computing Systems", International Journal of Computer Science & Engineering Survey (IJCSES) Vol.3, No.2, abril de 2012.

[6] . Belabbas Yagoubi e Yahya Slimani, "Dynamic Load Balancing Strategy for Grid Computing", World Academy of Science, Engineering and Technology Vol: 2, 2008.

[7] . Ishfaq Ahmad, ArifGhafoor, "Semi-distributed Load Balancing for Massively Parallel

Multicomputer Systems", IEEE transaction on software engineering vol. 17, no. 10, outubro de 1991.

[8] . Abubakar, Haroon Rashid e Usman Aftab, "Evaluation of Load Balancing Strategies", Conferência Nacional sobre Tecnologias Emergentes 2004.

[9] . H.S. Stone, "Multiprocessor Scheduling with the aid of Network Flow Algorithms", IEEE Trans of software engineering, SE-3(1); 93-95, janeiro de 1977.

[10] . H.S. Stone "Critical Load Factors in Two-Processor Distributed systems", IEEE Trans of software engineering, Vol. 4 no. 3 May 1978.

[11] . C. Kim, H. Kameda, "Optimal Static Load Balancing of Multi-class Jobs in a Distributed Computer System", In Proceedings of the 10th International Conference on Distributed Computing Systems,pp. 562-569, maio de 1990.

[12] . Sachin Kumar, NirajSinghal, "A study on the assessment of Load Balancing Algorithms in grid based network", International Journal of Soft Computing and Engineering (IJSCE) ISSN: 2231-2307, Volume-2, Issue-1, março de 2012.

[13] . R. Mukhopadhyay, D. Ghosh, e N. Mukherjee, "A study on the application of existing Load Balancing Algorithms for large, dynamic, heterogeneous Distributed systems," in 9th WSEAS Int. Conf. Software Engineering, Parallel and Distributed systems (SEPADS), pp. 238-243, Cambridge, 2010.

[14] . PriyeshKanungo, "Measuring Performance of Dynamic Load Balancing Algorithms in Distributed Computing Applications", International Journal of Advanced Research in Computer and Communication Engineering Vol. 2, Issue 10, October 2013.

[15] AmitChhabra, Gurvinder Singh, Qualitative Parametric Comparison of Load Balancing Algorithms in Distributed Computing Environment, 14th International Conference on Advanced Computing and Communication, IEEE, pp 58 - 61, julho de 2006.

[16] . SameenaNaaj, A. Alam, R. Biswas, "Load Balancing Algorithms for Peer to Peer and Client Server Distributed Environments", International Journal of Computer Applications (0975 - 888) Volume 47- No.8, June 2012.

[17] . HendraRahmawan, YudiSatriaGondokaryono, "The Simulation of Static Load Balancing Algorithms", Conferência Internacional sobre Engenharia Eléctrica e Informática, Malásia, 2009.

[18] . Sandeep Sharma, Sarabjit Singh e Meenakshi Sharma, "Performance Analysis of Load Balancing Algorithms", academia de ciência, engenharia e tecnologia, edição 38, pp. 269272, fevereiro de 2008.

[19] . Ahmed e A. Ghafoor, "Semi-Distributed Load Balancing for Massively Parallel Multicomputers," IEEE Trans. Software Eng., vol. 17, no. 10, pp 987-1004, outubro de 1991.

[20] . Shivaratri N. G., P. Krueger, and M. Singhal; "Load Distributing for Locally Distributed systems", Computer, vol. 25, no. 12, pp. 33-44, Dec. 1992.

[21] . ShaileshSaxena, MohdZubair Khan, Dr. Ravendra Singh, "Análise de desempenho em sistema

distribuído de balanceamento de carga dinâmico usando lógica fuzzy", IEEE, 2012.

[22] . S.H. Bokhari, "Dual Processor Scheduling with Dynamic Reassignment", IEEE Transactions on Software Engineering SE- 5, 4, pp. 341-349, julho de 1979.

[23] . Vatsal Shah, Kanu Patel "Load Balancing Algorithm by Process Migration in Distributed Operating System", IRACST - International Journal of Computer Science and Information Technology & Security (IJCSITS), ISSN: 2249-9555 Vol. 2, No.6, December 2012

[24] . Abbas Karimi, FaranehZarafshan, Adznan B. Jantan, "A New Fuzzy Approach for Dynamic Load Balancing Algorithm", (IJCSIS) International Journal of Computer Science and Information Security, Vol. 6, No. 1, 2009.

[25] . N Rathore and I Chana, "Job Migration Policies for Grid Environment", Wireless Personal Communication, Springer Publication-New-York (USA), ISSN print 0929-6212, ISSN online 1572-834X, IF - 0.979, August 2015. **(SCI Indexed).**

[26] . N Rathore and I Chana, "Variable Threshold Based Hierarchical Load Balancing Technique in Grid", Engineering with computers, Springer publication-London (England (UK), Page 597615, ISSN: 0177-0667 (versão impressa) ISSN: 1435-5663 (versão eletrónica), Volume 31, Issue 3, IF- 1.451, June 2015. **(SCI Indexado)**

[27] . N Rathore e I Chana, "Load Balancing and Job Migration Techniques in Grid : A Survey of Recent Trends", Wireless Personal Communication, Springer Publication-New-York (USA), ISSN print 0929-6212, ISSN online 1572-834X, Vol-79(3), Page 2089-2125, IF - 0.979, July 2014. **(SCI Indexado)**

[28] . N Rathore and I Chana, "Job migration with fault tolerance based QoS scheduling using hash table functionality in Social Grid Computing", Journal of Intelligent & Fuzzy Systems, IOS Press publication-Netherland, vol-27(6), pp no.- 2821-2833, ISSN print 1064-1246, IF- 0.936, June-2014. **(SCI Indexado)**

[29] . Neeraj Kumar Rathore e Inderveer Chana, "Report on Hierarchal Load Balancing Technique in Grid Environment", International journal of scientific and innovative technology, i- manager's Journal on Information Technology, Vol. 2, No. 4, ISSN Print: 2277-5110 , ISSN Online: 2277-5250, pp-21-35, Sep - Nov 2013.

[30] . Neeraj Kumar Rathore e Inderveer Chana, "Checkpointing Algorithm in Alchemi.NET", Pragyaan: Journal of Information Technology, IMS Dehradun. ISSN N.º: 0974-5513, IEEE, CSI e MPCET, Volume 8: Número 1, pp n.º 32-38, Dehradun, junho de 2010. http://www.iuu.ac/pragyaan/Pragyaan IT June10.pdf#page=37

[31] . Neeraj Kumar Rathore and Inderveer Chana, "A Sender Initiate Hierarchical Load Balancing Technique for Grid Using Variable Threshold Value" in International conference IEEE-ISPC, ISBN- 978-1-4673-6188-0, pp.1-6, 26-28 Sept. 2013. http://ieeexplore.ieee.org/xpls/abs all.jsp?amumber= 6663440&tag=1

[32] . Neeraj Kumar Rathore e Inderveer Chana, "A Cogitative Analysis of Load Balancing Technique

with job migration in Grid Environment", World Congress on Information and Communication Technology (WICT), Mumbai, IEEE proceedings paper, ISBN -978-1-46730127-5 pp- 77-82, dezembro de 2011.

[33] . Neeraj Kumar Rathore and Inderveer Chana "Comparative Analysis of Checkpointing", PIMR Third National IT conference, IT Enabled Practices and Emerging Management Paradigm book and category is Communication Technologies and Security Issues, pp no.-32-35, Topic No/Name-46, Prestige Management and Research, Indore, (MP)India, 2008.

[34] . Neeraj Kumar Rathore, "Load Balancing Algorithm for Grid" in 30th M.P. Young Scientist congress, Bhopal, M.P., pp-56, Feb 28, 2015.

[35] . Neeraj Kumar Rathore, "An Efficient Hierarchical Load Balancing Technique for Grid" in 29th M.P. Young Scientist congress, Bhopal, M.P., pp.55, Feb 28, 2014.

[36] . Rohini Chouhan e Neeraj Kumar Rathore, "Comparision of Load Balancing Technique in Grid", 17th Conferência anual da Academia de Ciências Matemáticas de Gwalior e simpósio nacional sobre matemática computacional e tecnologias da informação, JUET, Guna, M.P., 79, dezembro de 2012.

[37] . Neeraj Kumar Rathore e Inderveer Chana, "Fault Tolerance Algorithm in Alchemi.NET Middleware", Conferência Nacional sobre Educação e Investigação (ConFR10), Terceira Conferência Nacional CSI da Divisão V da CSI, Capítulo de Bhopal, IEEE Bombay e MPCST Bhopal, organizada pela JUIT, Índia, 6-7 de março de 2010.

[38] . Neeraj Kumar Rathore e Inderveer Chana, "Checkpointing Algorithm in Alchemi.NET", Conferência Anual da Vijnana Parishad da Índia e Simpósio Nacional de Desenvolvimento Recente em Matemática Aplicada e Tecnologias da Informação, JUET, Guna, M.P., dezembro de 2009.

[39] . Neeraj Kumar Rathore and Inderveer Chana "Comparative Analysis of Checkpointing", PIMR Third National IT conference, IT Enabled Practices and Emerging Management Paradigm book and category is Communication Technologies and Security Issues, pp no.-32-35, Topic No/Name-46, Prestige Management and Research, Indore, (MP)India, 2008.

[40] . Neeraj Kumar Rathore e Inderveer Chana, "Checkpointing Algorithm in Alchemi.NET", Pragyaan: Journal of Information Technology, IMS Dehradun. ISSN N.º: 0974-5513, IEEE, CSI e MPCET, Volume 8: Edição 1, pp n.º 32-38, Dehradun, junho de 2010.

[41] . Neeraj Kumar Rathore and Dr. Inderveer Chana "Checkpointing Algorithm in Alchemi.NET" in Lambert Academic Publication House (LBA), Germany ISBN-10: 3843361371, ISBN- 13: 978-3843361378 in 22 Oct 2010.

Detalhes do autor

Dr. Neeraj Rathore, Professor Assistente

Correio eletrónico: neeraj.rathore@juet.ac.in

O Dr. Neeraj entrou para o Departamento de Informática e Engenharia da Universidade Jaypee, Guna, M.P., Índia, em 2010 e é atualmente Professor Assistente no departamento. Tem mais de oito anos de experiência de ensino, investigação e experiência industrial na indústria das TI (Computer Sciences Corporation) como engenheiro de software. É doutorado em Ciências da Computação com especialização em Computação em Grelha (2014) e mestre em Engenharia Informática (2008) pela Universidade de Thapar e licenciado em Ciências e Engenharia Informática (2006).

As suas áreas de interesse incluem a computação paralela e distribuída, a computação em grelha, os SGBD e a estrutura de dados. Tem mais de 20 publicações em revistas e conferências internacionais de renome e muitos livros. Sob a sua orientação, foram atribuídas seis teses de mestrado e uma tese de doutoramento está em curso.

Coautor:

Pramod Kumar Singh

Correio eletrónico: Pramod132056cse@gmail.com

Printed by Books on Demand GmbH, Norderstedt / Germany